JN302945

確実に販売につなげる 驚きのレスポンス広告作成術

なぜ、この広告の反応がよかったのか？

TOSHIYUKI IWAMOTO

イズ・アソシエイツ　岩本俊幸

同文舘出版

→ → → → →

はじめに

　本書を読んでいるあなたは、チラシなどの広告を業者（広告代理店、印刷会社、デザイナーなど）に依頼した際、
・イメージ通りのものがあがってこない
・広告、販促の効果もイマイチだった
　このような経験をしたことはないだろうか？
　たとえるなら、床屋や美容室で期待はずれの髪型にされたときの失望感に似ている。
　理髪師やスタイリストに、自分の「切りたい長さや好みの髪型」らしきものを、一応は最初に伝えるのだが、スタイリストのペースで強引に進められ、最後に鏡の中の自分を見てしょんぼり……というパターンである。
　その際、「自分が、もう少し専門用語を知っていたらよかったのではないか？」、「センスがある人なら、もっとイメージをうまく伝えられたのではないか？」という思いが頭をよぎり、自分を責める気持ちと相まって、いっそう落ち込んでしまう。

　ここで、自己紹介を兼ねて、子供の頃の話を交えつつ私自身の広告に対する考え方を伝えたいと思う。
　私の祖父は、60年前に東京の日本橋ではんこ屋をはじめた。私が物心ついた頃は築地に店を移し、印刷屋も兼ねるようになっていた。祖父、両親、伯父を含めて5人が働く、典型的な家族経営の零細企業だ。やがて父親が後を継ぐが、私は父親の会社を継ぐ気はなく、だからといってサラリーマンになる気もない。とにかく、早く自分の会社をつくりたかった。その理由は単純だ。人の指示にしたがうのが嫌なことと、人一倍稼ぎたかったからである。
　満を持して1991年、28歳で印刷関連の制作会社として、東京都港区新橋

で起業することになった。起業当初は一日中駆けずり回って仕事を取り、間違いのない仕事をして納品する毎日の繰り返し。とにかく、築き上げた人脈をもとに、頭ではなく足で稼ぐことに必死だった。

気がつけば起業から3年が経ち、社員数は10名を超えるようになっていた。1996年にはデスクトップパブリッシング（DTP）との出会いがあり、当時「これはいける！」と直感し、零細企業としては比較的早く全社的に導入していった。その頃、徐々に増えてきた仕事が販促ツールなどの制作だった。

そして、クライアントの求めに応じてさまざまな販促ツールを手掛けていたある日、パンフレットづくりの手伝いをした飲食店へ向かったときのこと。

閑散とした店内を見て、漠然と不安を感じた。

「うちで作ったパンフレットはどこにあるのだろう？」

そんな疑問が頭をよぎる。

飲食店のオーナーはこのパンレットを納めたとき、「きれいにできたね」と言ってくれた。だから、一所懸命に取り組んだ私は、オーナーの満足が得られたと思っていた。

だが、パンフレットは活用されていなかった。その上、店も閑散としている。これがお客に喜ばれる仕事なのだろうか？　何か虚しさだけが残った。

そのとき、私は一念発起した。「広告・販促の効果を最大限に追求してみせる！」と。まずは国内外を問わず、マーケティングや広告、販促の本を探しては読みあさった。そして広告の効果を追求したくて、たとえチラシ1枚の仕事であっても、「どうしたら広告の効果を上げられるのだろうか？」という課題について、デザイナーたちと徹底的に議論した。この議論は、明け方まで続くこともあった。

現在、約20名のスタッフを抱えるまでになり、ここ数年、クライアントが私につけたキャッチフレーズは、「最終的に広告を打たせない広告屋」。

少々気負ったキャッチフレーズだが、私が大切にしてきた販促活動が徐々に浸透してきた証だと思っている。

多額の広告宣伝費などかけられない規模の小さな会社に、効率のよい適正な費用の販促手段を提供することで、その成果を共に喜び合いたいというのが仕事観の根本となり、今もその考えは変わっていない。

さて、話をもとに戻そう。

期待はずれの髪型のケースと広告づくりも同じである。依頼主が広告代理店、印刷会社、デザイナーに頼み、出来上がってきたものを見てクライアントはどのように感じているのか？　先ほど触れた飲食店の失敗と同じようなことを何度も繰り返しているので、どう思っているのかがよくわかる。

それなりのコストとエネルギーをつぎ込んで作った広告は、失敗して方向転換を迫られる場合、改めて多大なコストとエネルギーがかかる。それが、よい方向に向いているのならまだしも、必ずしもそうとは限らない。

広告づくりに不満を持ち、二度と同じ目に遭いたくない、もしくは現状を打破したい。だが、新しい会社やデザイナーとの出会いには自信がない。だから、もやもやした気持ちを抱えたまま、同じ業者と仕方なくお付き合いして失敗を繰り返すことが少なくないのではないだろうか。

弊社でも経験しているし、そういった事例を数限りなく見てきて私はこう思うようになった。この悪循環は、まるで広告の「地獄」ではないかと。

では、逆に広告の「天国」とは何だろうか。

それは、毎回確実に販売につながる広告の善循環だ。しかし、それを実現するのは、なかなか難しいことだ。むしろ大切なことは、「何を指標に

するのか?」「どのような『型（フレームワーク）』を使うのか?」「失敗した場合、どこに戻ったらいいのか?」これらの問いの答えを見出し、広告主と広告クリエイターが、共通の言語や思考を持つことではないだろうか。

今まで、「感性」とか「センス」という言葉で片付けられ、なす術もなくあきらめていたブラックボックスに光を当てること。これが広告の「天国」に近づく第一歩、と私は考える。

だが、このブラックボックスはなかなか手強い。すべてを明るみに出すことは不可能だ。

せめて、暗闇の中の「感性」「センス」の輪郭だけでも光を当ててみたい。

この考えは、デザイナーではない私が、デザイナーである社員と共通の言語・思考を持ち、着実に成果を出すために必要なプロセスだった。

本書では以上のことをテーマに、広告を依頼する人、請け負う人、双方がジレンマを少しずつ確実に解消し、広告の「天国」に向けて一歩一歩進んでいくための手掛かりを伝えていきたいと思う。

プロローグ ── 販売につながらない広告の「地獄」から「天国」への第一歩

「広告は販売につながらなければ意味はない」

　これは、世界の三大広告王の1人でもあり、広告業界誌『アドバタイジング・エイジ』に「広告業界のクリエイティブ・キング」と言わしめたデイヴィッド・オグルビーの言葉である。この言葉は当たり前のように思えるが、実は深い。これを、まずはプロローグとしてお伝えしたいと思う。

　広告は目的別にすると2種類あり、"反応を計測できる広告"と"イメージを訴求する広告"がある。ここでは、前者を「レスポンス広告」、後者を「イメージ広告」と定義しておきたい。
　筆者が経営する広告制作会社、株式会社イズ・アソシエイツでは、会社のミッションを「広告・販促の効果を追求する」と大上段に掲げている。
　このミッションを掲げた日から、「どうしたら反応が取れるのか？」を、来る日も来る日もひたすら考えることになった。
　このように、「広告は販売につながらなければ意味はない」という言葉をかみしめるほど、大きな壁が立ちはだかってくる。そもそも、弊社を含めた広告業界では、独特な文化や常識がはびこっているように思う。では、それを具体的に問題提起してみる。

　まず問題提起のひとつ目。
　広告業界のクリエイターの多くが目指しているものに、広告賞の受賞がある。受賞すると名が売れ、クリエイターの価値が高まり、受賞したクリエイターを抱えている会社の価値も高まる。これ自体を否定するつもりはないが、あるひとつのエピソードを紹介したい。
　大手代理店に勤めていたベテランのクリエイターが、あいさつに訪れたときのこと。そのクリエイターが見せてくれたプロフィール資料の後半に

は、数年前に受賞した広告賞がたくさん掲載されていた。そのうちのひとつを指し、こんなことを言った。「この広告は失敗だった。この企業の売上げは、この広告ではまったく上がらなかった」。これが、広告賞を受賞した広告の実態である。

　このクリエイターはいいほうだと思う。なぜなら、販売につながらない広告を作っても、「この広告は失敗だった」と考えるクリエイターは少ないからだ。多くのクリエイターは、賞を取ること自体が目的になってしまっているのだ。

　次に問題提起の２つ目。
　クリエイターは、自分が作った広告のことを「作品」と呼び、自分をアピールするために、「作品集」というものを持ち歩いている。
　なぜ、クライアントの手伝いをして作った広告を「作品」、あるいは「作品集」と呼ぶのだろうか。
　芸術家やアーティストが作った「作品」や「作品集」ならわかる。絵画、音楽、彫刻などの作品自体を消費者に買ってもらえるかどうかはその作品の魅力しだいなので、画家、ミュージシャン、彫刻家などは必死に作品を作る。このこと自体は、とてもすばらしいことである。
　だが、広告を作ることとは、いったい何なのだろうか。少なくとも、芸術作品を作ることではないことだけは確かである。クライアントの商品やサービス、そして会社自体を宣伝し、販売につなげるための「道具」なのではないだろうか。
　だから、クリエイターが自分の作った広告を、「作品」とか「作品集」と呼ぶのは理解に苦しむ。筆者は弊社のスタッフに、広告を作品とは呼ばせない。「事例」と呼ばせている。強いて言えば、広告とは、「どれくらい

の反応が取れたか？」というひとつの事例にすぎないのである。

　最後に問題提起の３つ目。
　弊社では、自社の商品としてセミナー、教材、小冊子、その他のサービスなどのレスポンス広告を今まで何度も行なってきた。今でも実施している。その結果、成功より何倍、いや何十倍もの失敗を経験している。だから、反応がないとき、クライアントがどれほど苦い思いをするのかが痛いほどわかる。
　広告会社の中で、自社の広告を実施している会社をあまり見かけない。ましてや自社の商品・サービスのレスポンス広告を実施している広告会社は、きわめて少ないように思う。自社の広告をほとんど実施していない会社が、クライアントの広告を手伝うことに疑問を感じる。本当に、広告の反応に対して責任を持てるのだろうか。

　この３つの問題を放置してしまうのは、販売につながらない広告づくりを繰り返す、広告の「地獄」への入口だ。弊社も以前は、こうした広告業界の文化や常識に流されていたし、今でも流されることはある。そんなときに、デイヴィッド・オグルビーの言葉「**広告は販売につながらなければ意味はない**」を、今一度深く心に刻まなければならないと思う。

　とはいえ、「広告は見せ方だけでも反応が大きく違う」。では、「なぜ、そのようなことが起きるのか？」、そして「私たちは、どうしたら反応を上げることができるのか？」これらは、常なる悩みであり課題だった。
　しかしついに、少しずつではあるが、この課題に対する解決の糸口が見つかりつつある。販売につながる広告の「天国」への第一歩を踏み出せ

のかもしれない。

　この糸口を見つけるための手法を、**セールスエンジニアリングデザイン（SED**※**）** と名付け、広告づくりの「型」とした。この「型」は着手条件、レイアウトやアイキャッチの指標、ストーリー要素、メッセージ開発など体系化されたもので再現性があり、繰り返し使えることも実証されつつある。

　では、「広告づくりの『型』とはいったい何なのか？」「広告づくりの『型』はどのように使えるのか？」を解説していきたいと思う。

※セールスエンジニアリングデザイン（SED）は、株式会社イズ・アソシエイツの登録商標です。（登録第4948145号）

目　次

確実に販売につなげる
驚きのレスポンス広告作成術

はじめに

プロローグ ― 販売につながらない広告の「天国」と「地獄」への第一歩

第1章　いったいどの広告の反応がよかったのか？
　　　　 ―【セールスエンジニアリングデザイン（SED）】検証

　CASE 1　書道教室の集客チラシ……………………………………… 014
　CASE 2　カイロプラクティック 告知ポスター……………………… 018
　CASE 3　美容室のミニコミ誌広告…………………………………… 023
　CASE 4　エステティックサロン 新聞折り込み広告………………… 025
　CASE 5　エステティックサロン 新聞折り込み広告………………… 027
　CASE 6　学習塾 新聞折り込み広告…………………………………… 030
　CASE 7　生花店 ポスティングチラシ………………………………… 031

第2章　そもそも「レスポンス広告」って何のこと？
　　　　 ―【セールスエンジニアリングデザイン（SED）】事前知識

　1．知っておきたいキーワード―マインドシェアの獲得……………… 036
　2．顧客階層における各ターゲットへの心理目標はこれだけ違う!!…… 038
　3．「レスポンス広告」の難しさ………………………………………… 040
　4．新規集客に必要な販売促進の要素…………………………………… 042
　5．反応を計測するモノサシ……………………………………………… 045
　6．セールスエンジニアリングデザイン（SED）の要諦……………… 048

第3章 「レスポンス広告」を手掛ける前に知っておきたいこと
―【セールスエンジニアリングデザイン（SED）】要件整理

1. クリエイティブ・ブリーフって何? ……………………………………… 052
2. レスポンス広告のための【SEDブリーフ】 ………………………… 054
3. 【SEDブリーフ】記載方法 …………………………………………… 055
4. カイロプラクティックの事例―足元を今一度見直す ……………… 060
5. カイロプラクティックの事例―【SEDブリーフ】 ………………… 062

第4章 イメージ広告は悪か?
―【セールスエンジニアリングデザイン（SED）】構造地図とアイキャッチ

1. 右脳型広告 VS 左脳型広告 …………………………………………… 074
2. 広告の構造地図とは? ………………………………………………… 075
3. 広告の構造地図を確認するポジショニングチャート ……………… 077
4. 書道教室のチラシをポジショニング ………………………………… 078
5. 美容室のミニコミ誌広告をポジショニング ………………………… 080
6. 両脳型広告とは? ……………………………………………………… 082
7. 構造地図における右脳型と左脳型の使い分け ……………………… 083
8. アイキャッチはインパクトがあればいいのか? …………………… 086
9. アイキャッチを判断する指標 ………………………………………… 087

第5章 ターゲットの心理を読みきる設計とは?
―【セールスエンジニアリングデザイン（SED）】ストーリー要素

1. AIDMA（アイドマ）からAUMFA（アウムファ）へ ……………… 092
2. 購買行動における消費者のリスクを考える ………………………… 095
3. ストーリー要素（AUMFA）－[Awake（感情を呼び起こす）] ……… 100
4. ストーリー要素（AUMFA）－[Understand（理解を深める）] …… 110
5. ストーリー要素（AUMFA）－[Memory（記憶に残る）] ………… 119
6. ストーリー要素（AUMFA）－[Fade（矛盾や葛藤を解消する）] … 123
7. ストーリー要素（AUMFA）－[Action（行動を喚起する）] ……… 136
8. セールスエンジニアリングデザイン（SED）の真髄 ……………… 146

第6章 アイキャッチはどのような手順で考えるのか？
―【セールスエンジニアリングデザイン（SED）】メッセージ開発

1. メッセージ開発のための3つのフレームワーク ・・・・・・・・・・・・・・・・・・・・ 152
   - フレームワーク①　[メッセージ開発の基本] ・・・・・・・・・・・・・・・・・・・・ 154
   - フレームワーク②　[ニーズ・ウオンツチャート手法] ・・・・・・・・・・・・・ 156
   - フレームワーク②　[ニーズ・ウオンツチャート手法] CASE STUDY ・・・・ 162
   - フレームワーク③　[ラダリング手法] ・・・・・・・・・・・・・・・・・・・・・・・・・ 165
   - フレームワーク③　[ラダリング手法] CASE STUDY ・・・・・・・・・・・・・ 167
2. メッセージをとりまとめる ・・・・・・・・・・・・・・・・・・・・・・・・・・・・・・・・・・・・ 171
3. アイキャッチを作る手順 ・・・・・・・・・・・・・・・・・・・・・・・・・・・・・・・・・・・・・ 172

第7章 あらゆる要素に影響を受ける「レスポンス広告」
―【セールスエンジニアリングデザイン（SED）】着眼点

1. 新規集客時からリピート率を上げる広告を思考する
   ―その1「コンセプト広告」・・・・・・・・・・・・・・・・・・・・・・・・・・・・・・・・・・・・ 180
2. 新規集客時からリピート率を上げる広告を思考する
   ―その2「約束チラシ」・・・・・・・・・・・・・・・・・・・・・・・・・・・・・・・・・・・・・・・ 184
3. 10年以上前のマインドシェアを蘇らせる ・・・・・・・・・・・・・・・・・・・・・・・ 187
4. 単色チラシとカラーチラシの戦略による使い分け ・・・・・・・・・・・・・・・ 192
5. 「シズル感」に妥協は禁物！ ・・・・・・・・・・・・・・・・・・・・・・・・・・・・・・・・・・ 194
6. トーン&マナーは雑誌をまねる ・・・・・・・・・・・・・・・・・・・・・・・・・・・・・・・ 197
7. 女性雑誌の傾向を研究する ・・・・・・・・・・・・・・・・・・・・・・・・・・・・・・・・・・ 202
8. 記事風広告に勝るイメージ広告 ・・・・・・・・・・・・・・・・・・・・・・・・・・・・・・ 205

エピローグ ― 広告の「天国」に向けて

謝辞

巻末付録：イメージ画像お役立ちサイト一覧

装丁／高橋 明香（おかっぱ製作所）
本文DTP／㈱イズ・アソシエイツ

確実に販売につなげる
驚きのレスポンス広告作成術

第1章

いったい
どの広告の反応が
よかったのか?

【セールスエンジニアリングデザイン(SED)】

検証

第1章　いったいどの広告の反応がよかったのか？

　あなたが今までチラシやDMなどの広告をたくさん打ってきたのであれば、たぶん、成功と失敗の両方があったと思うが、その要因は媒体の問題だったり、タイミングの違いだったり、商品・サービスによって異なっていたりと、さまざまあったかもしれない。

　この章では、まず最初に「見せ方の違いによって、本当に反応が違ってくるのか？」について、見ていきたいと思う。

■いったいどの広告の反応がよかったのか？

CASE 1　書道教室の集客チラシ

　右頁の広告をご覧いただきたい。この広告は書道教室のチラシで、体験講座の集客を目的にした3種類の広告である。この広告の配布方法は、ポスティング(※1)とDMの2種類。特筆すべきは、この広告は以下の7つの共通点を持っていたことである。

ポスティング	❶ 同じ地域 ❷ 同じ日 ❸ 同じ数量（A、B、Cを各2,500枚）
DM広告	❹ 同じコミュニティ向けのDMに同梱配布 ❺ 同じ日 ❻ 同じ数量（A、B、Cを各500枚）
ポスティング DM共通	❼ チラシの裏面は、3種ともまったく同じ内容

【セールスエンジニアリングデザイン（SED）】検証

表面A

表面B

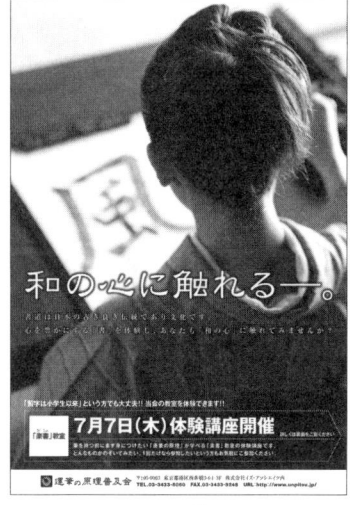

表面C

裏面共通

第1章　いったいどの広告の反応がよかったのか？

　この試みは、ダイレクトマーケティングの専門用語で、「スプリットランテスト(※2)」と言われている。それは、「広告表現（クリエイティブ）を変えたスプリットラン＝クリエイティブテスト」のことである。
　それでは、どのような反応だったのか、結果を説明する。枚数はポスティングとDM、合わせて9000枚配布。反応の結果は、18人の集客。結果はあまりよくなかった。その要因は、特にポスティングについては、オファー(※3)である体験講座の曜日・時間の設定がよくなかったこと、そして配布地域の読みの甘さ。要するに「魚のいないところに、まずい餌をまいた」ということである。
　だが、そもそもこの仕掛け自体はクリエイティブテストを行なうことが主目的だったので、トータルの結果についてはいったん横に置き、次のことに注目してもらいたいと思う。
　ひとつ興味深い事実がある。それは、この18人が「どのチラシを見て反応したか？」ということだ。写真のチラシの表面（**A、B、C**）で、どれが一番反応がよかったのだろうか。まずは、よく考えてみてほしい。

では、答えを明かそう。

B＞A＞C

いかがだろうか？　意表をつかれただろうか？　それとも、やっぱりと思っただろうか？

もし、あなたが男性で**表面C**の「女性のうなじ」に目が行ったというならば、それは単に目が行っただけであって、「女性のうなじ」と「書道教室」とはまったく関係がないということに気づいてほしい。

このような反応となった、ビジュアル面でのメカニズムについては後ほど紹介するが、この結果からひとつ言えることがある。それは、「広告の反応は、ビジュアル面に大きく影響される」ということである。

※1　ポスティング：広告関連で使用する時は、ポストに投函することを指す。特に、チラシなどを個人宅に投函する行為やその業務を言う
※2　スプリットランテスト：新聞や雑誌の広告の表現効果を測定するための一手法。表現内容が一部異なる2、3種の広告（クリエイティブ）を、同一発行日の新聞、雑誌に分割掲載し、後に具体的なレスポンス結果や広告の注目率など、2、3種の広告の表現効果を相対的にとらえようとすること
※3　オファー：本来は提案する、申し出るという意味。レスポンス広告の要素としては「特典」のことを指す

第1章　いったいどの広告の反応がよかったのか？

では、次のケースを見ていこう。

■いったいどの広告の反応がよかったのか？

CASE 2　カイロプラクティック 告知ポスター

ポスターA

ポスターB

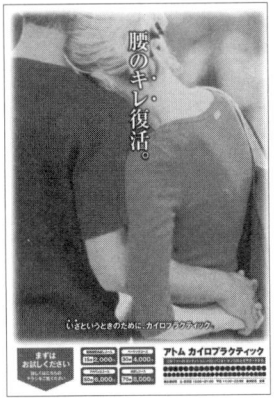

ポスターC

ポスターD

ポスターE

【セールスエンジニアリングデザイン(SED)】検証

　左の広告をご覧になっていただきたい。この広告は、都内の某ゴルフ練習場内に開業しているカイロプラクティックオフィスが、ポスターとチラシを連動した販売促進策を試みるために、ゴルフ練習場内に掲示した5種類のポスターである。

　5種類の違う表現（見せ方）でどのように反応が変わるのか、仮説検証を試みたものである。実験のため、費用は私の会社負担で表現（見せ方）の違うポスターを5種類提供した。なお、チラシは1種類である。

ポスターとチラシの設置図

ポスター

チラシ

ポスターを掲げるだけでなく、ターゲットに次の行動に移してもらわなければ集客に直接つながらないので、ポスターの下には必ずチラシを設置し、見た人が持って帰れるようにした。

当然のことながら、このポスターを掲げる場所によっても反応が変わってくるので、写真のように、5種類のポスターを5カ所に1週間ずつローテーションを組んで掲示することによって、場所と表現の2パターンの関係性を検証することができた。

5カ所にローテーション掲示

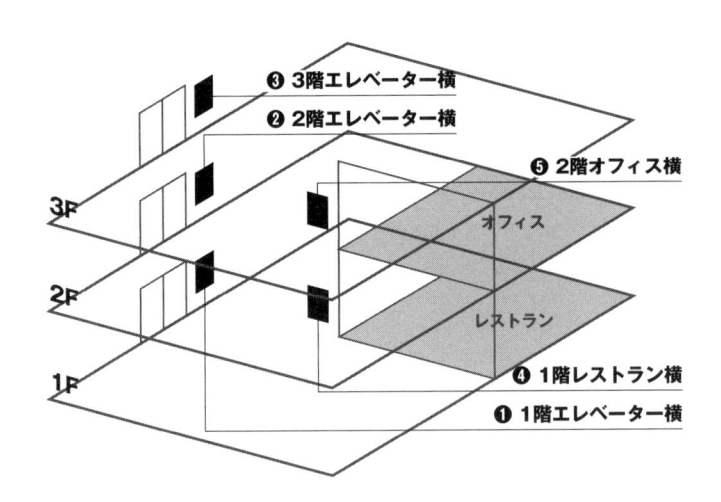

❸ 3階エレベーター横
❷ 2階エレベーター横
❺ 2階オフィス横
❹ 1階レストラン横
❶ 1階エレベーター横

このケースの場合、ポスターとチラシの役割は次のようになる。ポスターは注意を引き、チラシを取ってもらうことが目的である。これは、通常の広告ならばアイキャッチ[※4]の役割となる。

次にチラシの役割とは、手に取ってもらうことにより、一度興味を引か

れた人が次の行動に移せるように流れをつくること。または、家に持ち帰って、いつでも思い出してもらえるようにすること。

● **チラシはすべて共通の内容**

表面　　　　　　　　　　裏面

ポスターのローテーション掲示の結果、まず場所については以下のようになった。

<チラシの取得数の多い順>
1位＝1階 エレベーター横
2位＝2階 オフィス横
3位＝2階 エレベーター横
4位＝1階 レストラン横
5位＝3階 エレベーター横

第1章 いったいどの広告の反応がよかったのか？

　予想通り、最も通行量の多い「１階 エレベーター横」が最も取得数が一番多かったが、それほど通行量の多くない「オフィス横」が２番目だったことは、意外な発見だった。
　ここで、あなたに考えてみてほしいことは、ポスターによる広告表現（クリエイティブ）調査の結果である。ポスター５種については、どのポスターの下に掲示されたチラシが最も多く取得されただろうか？　まずは、よく考えて予測してほしい。

　では、答えを明かそう。

$$E > D > C > A = B$$

　圧倒的にEのポスター下のチラシ取得数が多く、以下D、Cの順番となり、AとBについては一番取得数が少なくほぼ同数となった。
　このような結果になったビジュアル面でのメカニズムについても、後ほどご紹介する。

※4　アイキャッチ：文字通り、「目線を捕まえる」もの。今回のケースでは、最初に目を引くビジュアルを指す

■いったいどの広告の反応がよかったのか？

CASE 3　美容室のミニコミ誌広告

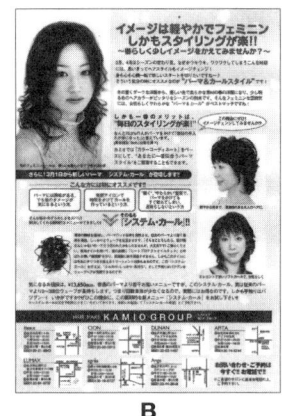

A　　　　　　　　　B　　　　　　　　　C

　上の広告をご覧になっていただきたい。この広告は、地域で7店舗経営している、ある美容室で実施されたミニコミ誌掲載の広告である。

　いずれも同じミニコミ誌に掲載し、発行部数は19万5000部。実際に消費者に届いている数はわからないが、この3種類は、それぞれ違う時期に打ち出した広告である。

　この3種の広告は、タイミング、訴求ポイントがそれぞれ違うため、単純に見せ方だけで反応が変わったとは言い難いが、集客に約5倍の差が出たことから、「見せ方」が大きな影響を与えたと考えられる。

　では、いったいどの広告が最も集客できたのだろうか。一緒に考えてみてほしい。

今回は、実際の数値（この広告で来店した人数）を明らかにしたいと思う。

では、答えを明かそう。

A＝122人
B＝ 55人
C＝270人

C、A、Bの順で、何とCは、Bの広告に対して約5倍の反応差という結果になった。

ビジュアル面でのメカニズムについては、後ほど第4章以降でも触れるが、いくつかこの要因を仮説として考えてみたいと思う。

まず、アイキャッチを見てみると、CはAと比べて目を引くようにしっかりと設計されていることがわかる。また後日、実際にインタビューをしてわかったことでもあるが、キャッチコピーである「第一印象をもっと『キレイ』に」というメッセージが目を引いた要因にもなっている。Aも「第一印象」というキーワードを使い、「あなたは第一印象でずいぶん損をしています！」というキャッチコピーを取り入れているが、Aの場合、キーワードとして「第一印象」を使ったのはいいとしても、少し煽り気味になっているため、ビジュアルとの連動も今ひとつと言えるかもしれない。

また、大きな違いは、Cの広告が左下にオファー（特典）を用意し、目立つように工夫していることだろう。

さらにほかの要因は、Cはアイキャッチに3人のモデルを比較できるように掲載したことである。モデルが3人並ぶというのは、自分が属するタイプがどれかと無意識に考えやすいということでもあるようだ。この3人という人数に関する調査は、第7章で詳しく触れる。

■いったいどの広告の反応がよかったのか？

CASE 4　エステティックサロン　新聞折り込み広告

● アイキャッチの2カ所以外はすべて共通

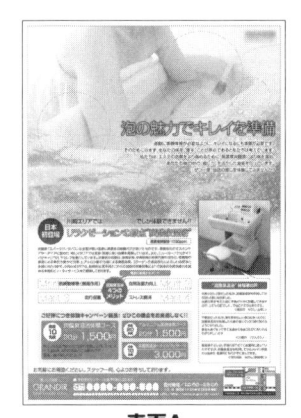

| 表面A | 表面B | 裏面共通 |

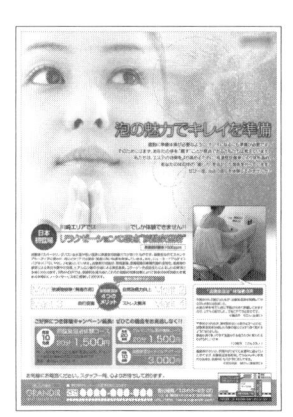

上の広告をご覧になっていただきたい。この広告は、エステティックサロンで実施された新聞折り込みチラシである。

チラシの表面のAとBは、アイキャッチと中央よりやや右下の写真を変えただけで、ほかは何も変えていない。裏面も共通である。実際のチラシ

の配布は、AとBそれぞれ2万5000部ずつ計5万部でスプリットランテストを実施した。

では、ここでもクイズを出してみたい。AとBでは、どちらのチラシの集客数が多かったのだろうか？

もし、CASE1〜3のクイズではずれた人でも、今回は2択なので当たる可能性は高い。ぜひ、よく考えてみてほしい。

今回も実際の数値を明らかにする。では、答えを明かそう。

$$A=32人$$
$$B=8人$$

AとBの反応差は4倍も出たが、その理由をあなたはどのように考えただろうか？

Aに軍配が上がった理由のひとつとして考えられるのが、アイキャッチの効果である。

Aのチラシで来店したお客のうち何人かは、配布したのが夏だったということもあり「泡に引かれた」とのこと。

特筆すべき点として、このスプリットランをする前にターゲット層（20〜30代の主婦、OL）の中から数名に事前にAとBを見せ、それぞれ「どちらのチラシを見ると、このエステサロンに行きたくなるか？」、また「それはなぜか？」を聞いてみたところ、Bのチラシで驚くべき回答が返ってきた。

Bのアイキャッチである顔写真について、「この顔は嫌！！」という女性が何人もいて、なかには、「この鼻の穴が目立って嫌！！」という女性も何人かいたのである。

　男性には想像できない心理だが、特定の女性の顔写真をアイキャッチとして前面に出すこと、つまり芸能人や著名人ならまだしも、イメージ写真として1人だけを前面に出すのは、こうした女性の反応を生むリスクを伴っているということを考えさせられた。注意しておくべき教訓である。

　事前調査を実施したこともあり、AとBのスプリットランの結果は、Aのほうの反応がいいだろうということは事前に推測できたが、あえて実施をした。その結果、やはりAのほうに軍配が上がったのである。

■反応が取れない広告とは？

CASE 5　エステティックサロン　新聞折り込み広告

　次頁の広告をご覧いただきたい。こらちは、先ほどのケース4のエステサロンで、ケース4とまったく同じサービス内容の新聞折り込みチラシである。同じく5万部配布したが、反応の結果は何と0件だった。

　理由は、言うまでもないだろう。

　ここまでひどくはないにしても、これに近いチラシを打っている会社や店をまだまだ見かける。他人事ではすまされないので、失敗例として少し考えていきたいと思う。

　そもそもこのチラシ、どちらが表面なのかがわからないくらいだが、次頁の写真のように表面と裏面をとらえてみた。

　まず、決定的な改善を要する点は、パッと目を引く部分がないというこ

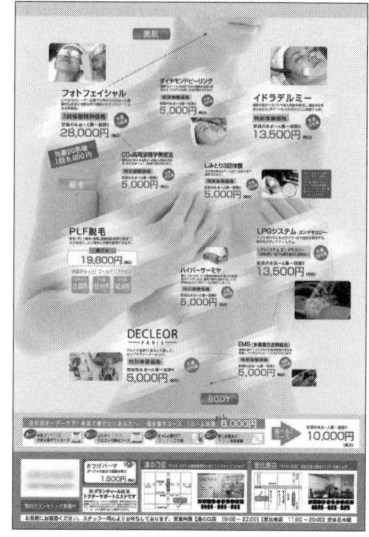

第1章 いったいどの広告の反応がよかったのか？

チラシ表面　　　　　　　　**チラシ裏面**

と。いわゆる、最初に目につくビジュアル、または文字（アイキャッチ）がない。いちおうキャッチコピーと想定されるところ（？）として、「お肌と心のストレスをERASEしましょう」と記載されているが、そもそも意味がわからない。こうしたことからも、まったく顧客視点に立っていないチラシということができる。

　ERASEは「消す」という意味の英語だが、この意味を一瞬で理解できる人がどれくらいいるだろうか？

　次に、裏面を見ていきたいと思う。さまざまなサービスを列挙しているが、レイアウトがまったく整理されていない。メリハリをつけているわけでもなく、理解を深められるようにもなっていない。さらには、このエステサロンは、大手のように企業名の認知がほとんどないにもかかわらず、「どのような会社なのか？」に応えるべき会社の詳細もほとんど記載され

ていない。これでは、5万部配布しようが50万部配布しようが、反応が取れるはずがない。

　さらに、このエステサロンでは上の広告を出そうとしていたが、これは何とか止めることができた。上の広告はいかがだろうか？　まるで会社案内のようである。チラシを見た消費者に「どうしてほしいのか」がまったく伝わらないのではないだろうか。

第1章　いったいどの広告の反応がよかったのか？

　さて、ほかの２つの事例を見ながら、反応が取れない広告とはどのようなものかを見ていきたいと思う。

■反応が取れない広告とは？

CASE 6　学習塾　新聞折り込み広告

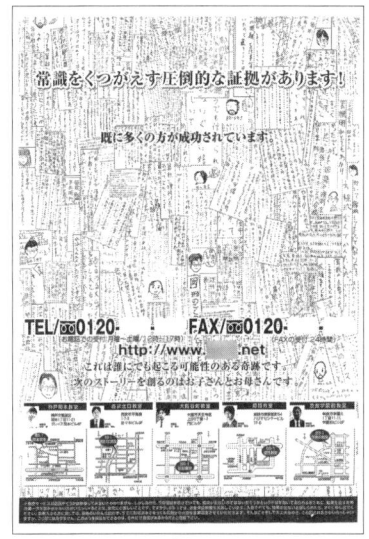

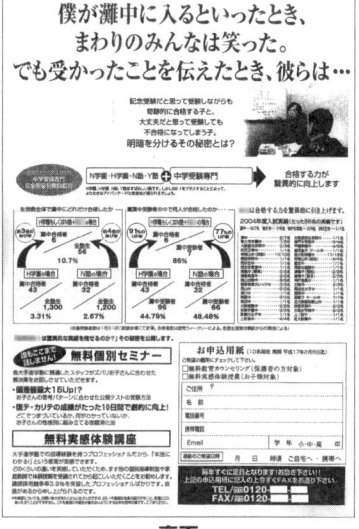

表面　　　　　　　　　　　裏面

　上の広告をご覧いただきたい。こちらは学習塾の広告として、20万部実施された新聞折り込み広告である。結果は反応０件。

　重ねて言うが、20万部配布して反応０件である。恐ろしさすら感じる。

【セールスエンジニアリングデザイン(SED)】検証

■反応が取れない広告とは？

CASE 7　生花店　ポスティングチラシ

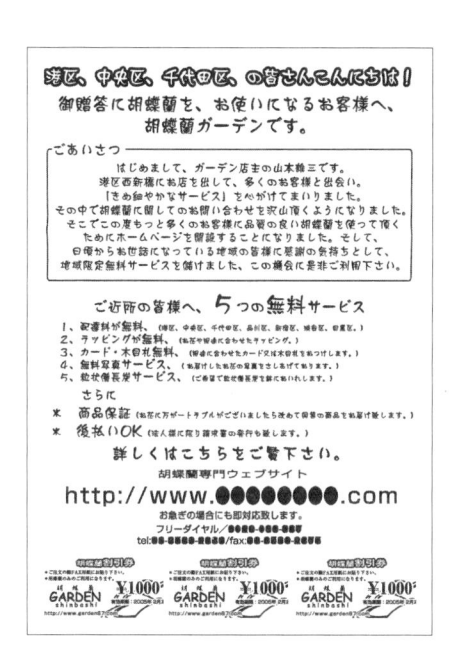

次に、上の広告をご覧いただきたい。ある花屋のポスティング用チラシである。3000件ポスティングして、反応は1件。その1件の反応とは、実は私である。

この花屋は弊社の近所にある。私がこのチラシを見て、出来は悪いが何かマーケティングを学びはじめている臭いがしたので、この花屋を訪問してチラシの改善をさせてもらったという笑い話のようなオチがある。

031

第1章　いったいどの広告の反応がよかったのか？

ちなみに、下の広告が改善したチラシである。

表面　　　　　　　　　　　　　裏面

　この花屋は、胡蝶蘭の販売に力を入れたということだったので、広告では店長を「胡蝶蘭のソムリエ」としてこだわりを語ってもらい、特徴をできるだけわかりやすく伝え、安心感や信頼感を醸し出す要素をふんだんに盛り込んだ。その結果、ある程度の反応を得ることができた。

　胡蝶蘭のきれいな写真を前面に入れられれば、効果をもっと上げられただろう。だが、そのためにはプロの撮影が必要であり、このときにはコストをかけられなかったのが残念なことではあった。

　さて、先ほどの学習塾と花屋のチラシの話に戻る。反応が悪かった理由は言うまでもないが、少しだけポイントを述べてみたい。

まず、両方に共通しているのは、文章ばかりで読む気がしないということだ。学習塾や花屋であれば、対象はほとんどが女性であるはずだ。女性はチラシの文字をあまり読まないと思ったほうがよい（なかには、男性のように文字を読む女性もいるので例外はあるが……）。

　そもそも、ぱっと見て何のチラシだかわからないのが根本的な問題である。学習塾だったら学習塾らしさがなく、花屋だったら花屋らしさがない。

　特に、チラシという媒体の特性として、想像してみてほしいことがある。新聞に何十枚も折り込んであるチラシを見るときに、1枚1枚じっくり見る人がそもそもいるだろうか？

　例えば我が家の場合、チラシを眺めるのは主に妻である。息子が受験を控えている時期であれば学習塾のチラシを集め、リフォームが必要な時期にはリフォーム会社のチラシを集めている。このような必要性を感じている時、いわゆるニーズが顕在化している時であればじっくりと眺めるかもしれないが、まだニーズが潜在的な場合はどうだろうか？

　例えば、素敵なレストランのチラシを見て、思わず行きたくなり、チラシを取っておこうというケース。何十枚もあるチラシの中から、たった1枚に目を引きつけるためには、2秒以内が勝負である。2秒以内に、たいていの人は次のチラシに移ってしまうからだ。

　そもそも人間は、文字を認識するまでに2秒かかると言われている。つまり、たいていの人はチラシの文字を認識する前に次のチラシをめくってしまっているのである。その点、ビジュアルは0.3～0.5秒で無意識のうちに脳が認識している。以上のことから、一瞬で目を引くビジュアルを考えなければ、ある程度の効果は期待できないのである。いくらすばらしいメッセージがチラシの中にふんだんに埋め込まれていても、そのメッセージを読むところにすら行きつかないのである。

第1章　いったいどの広告の反応がよかったのか？

　ここまでビジュアル面を中心とした広告の事例を見ながら、反応の違いを確認してきたわけだが、これらの事象を解明する手掛かりを、いよいよこれから順を追って見ていきたいと思う。

確実に販売につなげる
驚きのレスポンス広告作成術

第2章

そもそも
「レスポンス広告」って
何のこと?

【セールスエンジニアリングデザイン(SED)】

事前知識

1 知っておきたいキーワード ── マインドシェアの獲得

　第1章では、ビジュアル面を中心とした広告の事例を見ながら、反応の違いを確認してきたが、そもそも広告には、目的別にすると主に2種類ある。"反応を計測できる広告"（レスポンス広告）と"イメージを訴求する広告"（イメージ広告）である。この2種類の広告は、どちらが「よい」「悪い」ではなく、目的に応じて使い分ける必要がある。だが、中小企業が販売につなげるために広告を打つ場合は、「レスポンス広告」の採用をお勧めする。

　なぜなら、反応が計測できない「イメージ広告」では、実施した広告のコスト対効果の良し悪しを検証することさえできないからだ。以上のことから、あえて本書では、「レスポンス広告」の事例のみを扱っていることを最初に断っておく。

　さて、これら2種類の広告を考えるにあたって、まずは押さえておきたいキーワードがある。それは、「マインドシェア」というキーワードである。

　この「マインドシェア」というキーワードを用いて、「ゲリラ・マーケティング[※1]」手法の創設者ジェイ・コンラッド・レビンソンはこう提唱している。「マインドシェアの獲得こそがマーケティングのゴールである」と。さらに、次のように続く。「スモールビジネスにとって最も重要なこと。それはマーケットシェアを得ることではなく、顧客の心の中でのシェア＝『マインドシェア』を得ることである」

　ちなみに、ゲリラ・マーケティングの「ゲリラ」と聞くと、「奇襲攻撃」を想像し、何やら野蛮な感じがするが、「少ない経営資源からいかに多くの利益を得るか」という課題を解決するために考案されたマーケティングであり、次の3つのテーマを持っている。

> 1．市場調査のデータによる推測・憶測よりも、心理学・人間行動学の知識から実践計画を立てて実行する
> 2．予算ではなく、時間とエネルギーを投下して顧客とリレーションシップを築く
> 3．競合と競争するのではなく、協力し合うことを考える

　こうした実践方法を複合的に組み合わせたマーケティングプロセスにより、「自分のビジネスに収益を生み出すための円運動を確立する」。それが、ゲリラ・マーケティングである。

　そもそも中小企業にとって、マーケットシェアを獲得することは莫大なお金がかかり難しい。ましてや最近では、大企業ですら、マーケットシェアを獲得するには時間とお金の無駄になることが多いと気づき、顧客とのリレーションシップを築くためにさまざまな仕組みを考え、試行錯誤を繰り返しているのだ。

　以上のことからも、中小企業がマーケットシェアを獲得するという発想自体を、今一度改めなければならないことは言うまでもないことだ。

※1　ゲリラ・マーケティング：ジェイ・コンラッド・レビンソンによる、書籍『ゲリラ・マーケティング』シリーズによって世界に認知され、今では1400万部以上、41カ国でシリーズ化され発行されている。アメリカではMBA履修過程で『ゲリラ・マーケティング』が必読書となっている

2　顧客階層における各ターゲットへの心理目標はこれだけ違う!!

　さて、この「マインドシェア」を、よく知られている三角形を使って、階層ごとのターゲットの心理目標に置き換えたのが下の図である。

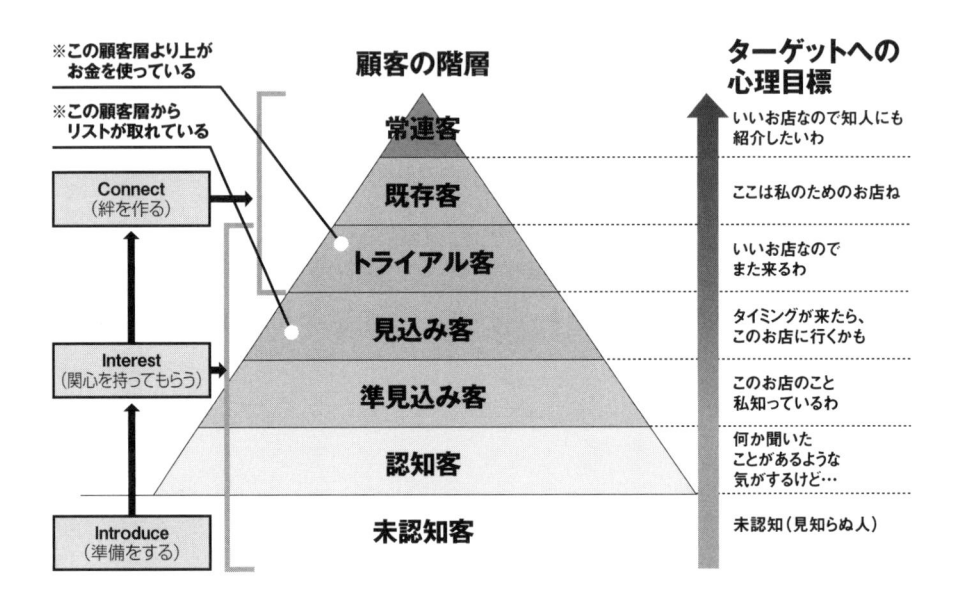

```
※この顧客層より上が          顧客の階層              ターゲットへの
　お金を使っている                                    心理目標

※この顧客層から              常連客          いいお店なので知人にも
　リストが取れている                          紹介したいわ

Connect                      既存客          ここは私のためのお店ね
(絆を作る)
                            トライアル客     いいお店なので
                                            また来るわ

                             見込み客         タイミングが来たら、
Interest                                    このお店に行くかも
(関心を持ってもらう)
                            準見込み客        このお店のこと
                                            私知っているわ

                             認知客          何か聞いた
                                            ことがあるような
                                            気がするけど…
Introduce
(準備をする)                  未認知客         未認知(見知らぬ人)
```

　これにマインドシェアという考え方を加え、「見込み客」である顧客リストを持つ前の段階から、顧客の心の中でのシェアを増やしていくことが重要な視点であることをお伝えしておきたい。

　「認知客」の段階での心理目標は、「何か聞いたことがあるような気がするけど」であり、この上の段階の「準見込み客」での心理目標は、「このお店のこと私知っているわ」である。そして、次の段階の「見込み客」での心理目標は、「タイミングが来たら、このお店に行くかも」となる。

前頁の図では「お店」としているが、これが商品であれば、お店を商品に置き換えてみればよい。

　このように、ダイレクトマーケティングでは、「各顧客階層のパイ（人数）をいかに拡げるか」「各階層の顧客をいかに上へと昇華させるのか」という課題を解決することが目的である。

　あなたの店や商品について、顧客の心の中のシェアを拡げていく必要があることを、改めて頭に入れておいてもらいたい。

　それともうひとつ付け加えておきたいことがある。「見込み客」の階層から上が、顧客リストが取れている状態であり、「トライアル客」の階層から上が、顧客がお金を使っているということができる。ゲリラマーケティングやダイレクトマーケティングの考え方では、この「見込み客」より上の階層に80％の資源を投下することが基本である。しかもその資源には、いわゆる人、物、金ではなく、想像力、時間、エネルギーを使いたい。そうなると「準見込み客」より下の階層には、20％の資源でいいことになるが、いかがだろうか？　なかなかすぐには賛同しづらいかもしれない。

　だが、「準見込み客」より下に20％の資源しか投下しないという理由には、顧客は必ず流出するということが前提にある。どんなによい商品やサービスを提供していても、どんなに見込み客より上に資源を投下し、顧客を大切にしたとしても、必ず顧客は流出するのである。

　では、一番下の層である「未認知客」を私たちはどのように扱ったらいいのだろうか。

3 「レスポンス広告」の難しさ

　まず、「イメージ広告」から考えてみたい。「イメージ広告」によって、「未認知客」を「見込み客」や「トライアル客」の階層に上げるためには、どのようにしたらいいのだろうか。

　恐らく何回も広告を投下することによって「認知客」に上がり、「準見込み客」に上がり、そして「見込み客」や「トライアル客」に上がるということになるだろう。すなわち、「未認知客」を「見込み客」や「トライアル客」に上げるには、相当な回数を繰り返す必要がある。たぶん、お金がかかりすぎて途中で断念するのがオチである。また、「イメージ広告」の難点は、反応を計測できないところなので、どの広告によって反応を得られたかという指標さえなく、広告の検証すらできない。

　もちろん、このような「イメージ広告」を完全否定しているわけではない。正しく消費者に伝われば、少しずつでもマインドシェアを上げることができる。「イメージ広告」の目的は、そもそも"イメージを訴求する広告"だから仕方のないことである。

　では、「レスポンス広告」とは、いったいどのような役割を持っているのだろうか？

　「レスポンス広告」とは、一番下の階層である「未認知客」を「見込み客」、もしくは「トライアル客」の階層に、一気に上げていくための広告である。マーケティングでは、最も難しいと言われている部分を行なわなければならない役割を担っている。

　「レスポンス広告」を考えるときには、まずそのことを肝に銘じておく必要がある。

　マインドシェアがまったくない「未認知客」に対して、いきなり来店や

購買、さらには何らかの行動に移してもらわなければならないわけだが、「どれだけ敷居が高いか」が、あなたなら想像できるかと思う。

　もし、これをいとも簡単にできるという人がいたら、大金をはたいてでも教えを請いたい。**「レスポンス広告」を実施している者にとって、この知恵を獲得するために、どれだけの想像力、時間、エネルギー、そしてお金も費やしてきたのか。**それなのに、今だに試行錯誤を繰り返し、正解を導き出すことができないのである。いずれにせよ**「レスポンス広告」は、最もコストがかかる、特に難しいステップに対して挑戦する広告なのである。**

　さて、ここでひとつ想像してみてほしい。

　ある花屋が、店の前で「とっても素敵な胡蝶蘭があるよ」と言ったとして、どれだけの人が振り向いてくれるだろうか？

　また、あるレストランの店主が「私の自慢のレストランに来てくれませんか？」と言って、駅前でチラシを配ったとしても、誰がそのチラシを受け取るだろうか？

　もちろん、何か物をもらえるのであれば、もらうついでにチラシにも手を出す人がいるかもしれない。だが、そこからはたして集客につながるのだろうか？

　以上のように、「未認知客」である見知らぬ人に、「いかに商品を購入してもらうか」「いかに来店してもらうのか」、これは、とても難しい問題であることを、まずは頭に入れておいてほしい。

4　新規集客に必要な販売促進の要素

このような最もコストがかかり、最も難しいステップに必要な販売促進の要素とはいったい何だろうか。

まず、大きく4つの要素がある。

媒体 × タイミング × オファー × 表現の工夫

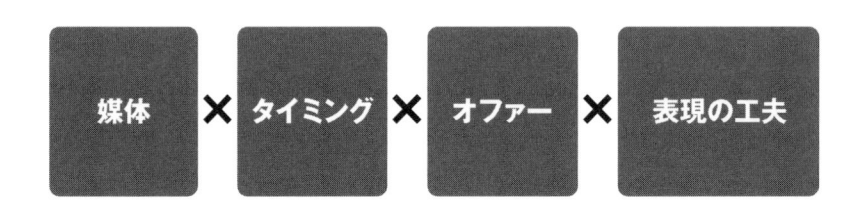

図に示したように、媒体、タイミング、オファー、コンテンツの4つである。一つひとつ解説していきたい。

まずは、「**媒体**」。

チラシ、DM、ミニコミ誌、雑誌広告など、「何を媒介して広告を打つのか」ということである。また、チラシひとつでも「ポスティングなのか？」、「新聞折り込み広告なのか？」、それに新聞折り込みチラシなら、「どんな新聞に折り込みをするのか？」など、選択肢はいろいろとある。

次に「**タイミング**」。

年間のタイミング、曜日のタイミング、1日の時間のタイミングなどがある。例えば、先ほど例を挙げた新聞折り込みチラシの場合であれば、1週間の「何曜日の反応がいいのか」という選択肢がある。

地域によって差はあるかと思うが、金曜日や土曜日にチラシが多いことはご存知の通りである。この理由とは、大量のチラシの中から、主婦が目的を持って探したり、無意識でパラパラとめくるのが週末だからだ。

また、年間のタイミングもある。ある学習塾の例を挙げてみよう。

この学習塾では、新聞折り込みチラシをはじめてから何年もの試行錯誤の末、ゴールデンウイーク明けの反応がよいということがわかった。先ほどは、新聞折り込みチラシは金曜日や土曜日のように週末の反応がいいと言ったが、ゴールデンウイーク明けが、仮に週の頭だとしても反応がいいとのこと。

この学習塾は中学受験専門の個別学習塾なのだが、よくよく聞いてみると、新学年に上がってまもなく学力テストがあり、その学力テストの結果が出る時期がゴールデンウイーク明けなのだと言う。

この段階で、学力が追いつかなくなっている子供に対して、親が不安になり、悩む時期らしい。

このような年間のタイミングは、基本的に毎年あまり変わらない。一度発見すれば、繰り返し使えることも少なくない、とても貴重なデータなのである。

次に「**オファー**」。

「何を使って集客するのか」ということであり、広告の目的と言ってもいい。ダイレクトマーケティングの用語では「特典」とも言う。

また、顧客や見込み客に対して、レスポンスの見返りとして提供する条件・セールステクニックであり、「取引条件」「購入促進要因」「顧客の安心要素」の3種類ある。

店舗ビジネスの典型的なオファーには、割引クーポンや無料体験などが

あり、高額商品の典型的なオファーには、試供品サンプル、小冊子、ガイドブック、イベントへのお誘いも含まれる。建築会社では、現場見学会などがある。

オファーの良し悪しを左右するのは、売る商品と関連しているか、期間を決めているかである。これらを意識するのが大切なことである。そのほかにもオファーはいろいろと考えられるが、詳しくは、郵便事業株式会社ホームページ[※2]にて99通りのオファーが掲載されているので、参考にしてみてはいかがだろう。

　次に、「**表現の工夫**」。

本書のメインテーマであり、広告業界ではクリエイティブとも言う。この「表現の工夫」については、この後じっくり見ていきたいと思う。

さて、これら4つの要素である媒体、タイミング、オファー、表現の工夫は、図のように足し算ではなく、掛け算となっている。

どういうことかというと、ほかの要素がどんなに優れていたとしても、たったひとつが0だと、すべてが0になってしまう。これが足し算ではなく、掛け算と言われているゆえんでもあり、怖さでもある。

つまり、ひとつでも選択を間違えると、反応が0になってしまうということだ。

ここで、共有しておきたいことがある。それは、「この4つの要素で一番大きな影響力を持っているのはいったい何か？」という問い。

これは、とても難しい問いである。

状況によって異なってくるので、どれかひとつとは言い切ることができ

ない。すべて重要である。

ただし、参考までに2つのエピソードを紹介したい。

誰もが知っている某大手通販会社の社長は、媒体とクリエイティブを比較すると媒体30％、クリエイティブ70％と言っていた。何十年にもわたって、散々「レスポンス広告」を続けてきた人のコメントなので無視はできない。

ほかには、こんなエピソードもある。

数店舗の店舗展開をしている某エステサロンでは、新規出店する時の一番の指標を立地条件などのロケーションではなく、「効く媒体があるかどうか」で考えている。

中でも、フリーペーパーで効果の高い媒体を調査し、その媒体のあるエリアに出店するとのこと。

エステサロンは、特に広告に頼らざるを得ない業種なので、効果の高い媒体があるかどうかによって、集客が左右されるという特別なケースだが、媒体が大きな影響力を持つということを考えさせるエピソードだ。

※2 郵便事業株式会社ホームページ「DM factory.jp」
　　http://www.post.japanpost.jp/dmfactory/knowledge/foundations11.html

5 反応を計測するモノサシ

最もコストがかかり、最も難しいマーケティングのステップである「レスポンス広告」。だからこそ、反応を計測するモノサシである指標を持たなければ、何が成功し何が失敗したのかがわからない。

この指標の中で代表的なものが「CPI」、「CPO」である。通販業でマーケティングを担当している方なら、知らない人はまずいないであろう指標

である。だが、店舗ビジネスやその他のビジネスの方は、意外と知らない人が多いようなので、触れてみたいと思う。

反応を計測する2つの指標（モノサシ）

CPI (Cost Per Inquiry)	1人の見込み客を獲得するのにいくらかかったのか？
CPO (Cost Per Order)	1人の注文・成約を獲得するのにいくらかかったのか？

　上記のように、それぞれレスポンス広告の反応を計測する指標がある。CPIはCost Per Inquiryの略で、問い合わせ1件当たりにかかる費用であり、［広告費÷引き合い数］の計算式で算出する。

　例えば、あるエステサロンが30万円をかけてフリーペーパーに広告を出したとして、30人の問い合わせがあった場合、［30万円÷30人］で、問い合わせ1件当たりに1万円のコストがかかったということになり、CPIは1万円ということになる。

　もうひとつの指標であるCPOはCost Per Orderの略で、注文1件当たりにかかる費用のことであり、［広告費÷注文数］の計算式で算出する。

　例えば、ある飲食店が50万円をかけて新聞折り込みチラシで広告を打ち、100人の来店があった場合、計算式は［50万円÷100人］で、来店1人当たりに5000円のコストがかかったということになり、CPOは5000円とい

うことになる。

こうしたCPIやCPO以外にも、指標はいろいろある。なかでも「レスポンス率」という指標はよく使われる。

例えば、前述と同じように、ある飲食店が5万部の新聞折り込みチラシを配布して、100人の新規客が来店した場合、計算式は［100人÷5万部］で、0.2%のレスポンス率ということになる。

ただし、ここで注意しておかなければならないことがある。レスポンス率というのは、配布部数に対しての比率になる。だから、チラシ広告以外の新聞広告や雑誌広告など、配布部数を正確にこちらで把握するのが難しい場合には、当てはまらないケースが出てくる。そこで、さまざまな媒体を試すときには、どの媒体に対しても適応できる指標が必要になるのである。

さて、このような指標は、先に述べたように新規集客に必要な以下の4つの要素の掛け算から成り立つ。

［媒体×タイミング×オファー×表現の工夫］

これら4つの要素の掛け合わせによって、反応に違いが出てくる。

指標を基に反応の計測を継続し、検証していくと、媒体の特性による効果の違い、タイミングによる効果の違い、オファーによる効果の違い、そして表現の工夫による効果の違いがしだいに見えてくる。

逆に、このような指標を基に検証をしなければ、そもそも何が成功で、何が失敗かを計ることもできない。

弊社で広告を手伝っているクライアントとは、ある程度慣れてくると、こんなやりとりになる。

「やっと、CPIが5000円を切れる勝ちパターンが見つかりましたね」

「CPOが8000円になるように、今後半年間がんばっていきましょう」

このように、広告の効果をクライアントに示す共通言語ができ、コスト対効果を明確にすることができる。これが、「レスポンス広告」をはじめるための大前提なのである。

もし、あなたがこの指標を知らなかったならば、まず指標を知ることが「レスポンス広告」をはじめる第一歩であると言っておきたい。知っていたけれども、実際には仮説検証をしていなかった場合は、改めてこの指標による仮説検証をはじめてほしい。

6 セールスエンジニアリングデザイン（SED）の要諦

前述した「レスポンス広告」の4つの要素のうち、コンテンツ（見せ方）が本書のテーマだ。

本書で提唱するセールスエンジニアリングデザイン（SED）とは、レスポンス広告における表現（見せ方）の仮説検証アプローチ手法である。あなたはスタート地点である、「レスポンス広告」を実施するにあたっての指標を得ることができた。

だが、このように考えているかもしれない。見せ方の違いにより反応が変わってくるのはわかった。では、いったいどのような見せ方にすれば、反応は上がるのか？

この問いの答えを見つけるために、大事なことが3つある。

ひとつ目は、レスポンス広告を作るための心構えを持たなければならない。

2つ目は、レスポンス広告を作るための知識を持たなければならない。

3つ目は、このような心構えと知識を持った上で、実際に実施する。決してやりっぱなしにせず、仮説と検証を繰り返していく。いわゆるPDCAサイクル(※3)を回してほしいということだ。

　では、次の章では、いよいよ「どのような見せ方にすれば、効果が上がるのか？」という問いの答えを見つけるのに必要となる、レスポンス広告を作る心構え、そして必要な要件を見ていきたいと思う。

※3 PDCAサイクル： 計画立案後（Plan）、実行し（Do）、その結果を検証した上で（Check）、改善すべき箇所は見直し、改善する（Action）。このようにサイクルを、螺旋を描くように１周ごとに向上させていくことで、次の「PDCAサイクル」につながり、継続的な業務改善を行なうことが可能となる。広告、販売促進にも活用したい、考え方のひとつである

確実に販売につなげる
驚きのレスポンス広告作成術

第3章

「レスポンス広告」を手掛ける前に知っておきたいこと

【セールスエンジニアリングデザイン(SED)】
要件整理

1 クリエイティブ・ブリーフって何？

　レスポンス広告を作る前に、押さえておきたい準備物がある。それは、「クリエイティブ・ブリーフ」という要約書のことである。外資系の広告会社のほとんどが実施しているが、残念なことに日本の広告会社ではあまり徹底されていない。

　このクリエイティブ・ブリーフの書式は広告会社によって異なっているが、その中でも優れたものを紹介したい。それは、『ある女性広告人の告白』（日経広告研究所）の著者、小池玲子氏に教えていただいた貴重な資料である。この資料だけでも、本書の代金の元が取れるだろう。いや、活用しだいでは、何十倍、何百倍もの価値を生み出す可能性もある。なぜなら、大手外資系広告会社数社の取締役を歴任した小池氏が、広告業界で40年近くの年月を費やし、大切なものだけを抽出し、無駄なものをそぎ落とした結果、最終的に出来上がったものだからだ。この貴重な資料を次に紹介する。

【クリエイティブ・ブリーフ】

1. 広告する商品の競合状態
2. 競合商品に対する優位性
3. 広告の目的
4. ターゲット
5. ターゲットが感じている本音
6. 広告の結果、期待するターゲットの反応

> 7. 広告が訴える最も大切な提案
> 8. トーン&マナー
> 9. その他の留意事項

このように、無駄をそぎ落として出来上がったものは、9つに要約される。

クリエィティブ・ブリーフは、クリエィティブ発想の刺激となるものである。消費者の共感を得る効果的な広告を制作するためには、そもそもそのターゲットを理解し、ストライクゾーンを探し出さなければならないのだが、これはとても優れたもので、次のような多くの利点を持っている。

・広告表現を広告戦略に基づいて作ることができる
・戦略を明確にすることで、よりよい表現を生むことができる
・作成する担当者が表現を考えるにあたっての指針とすることができる
・無駄なアイデア、時間を費やさずに、絞り込んだアイデアを生み出すことができる
・表現をチェックするにあたって明確な判断ができる
・表現の軸がぶれたときに、立ち返るための資料となる

また、広告会社や印刷会社が、クライアントの広告を手伝うときにも有効である。なぜなら、プレゼンテーションなどで、関係部門やクライアントとの意思の確認がスムーズに行なえるからである。

その一方で、メリットばかりではなくデメリットもある。クリエィティブ・ブリーフが間違っていれば最悪の事態となるため、効果的なブリーフの作成を行なえるようによく練り込むことが求められる。

このようにクリエイティブ・ブリーフをまとめることは、多くのメリットがあるのだが、なぜか日本の広告会社ではほとんど使われていない。だから、クリエイティブ・ブリーフに習熟していくと、今までよりも格段に反応率を上げることができ、あなたは日本でトップクラスの広告のプロになれるかもしれない。

2 レスポンス広告のための【SEDブリーフ】

　前述したクリエイティブ・ブリーフは、広告の表現を考えるときに極力準備しておきたいものである。だが、第2章でも言及したように、広告には「レスポンス広告」と「イメージ広告」の2種類があるので、レスポンス広告に特化したクリエイティブ・ブリーフを開発する必要があった。
　第2章で触れたように、レスポンス広告における表現（見せ方）の仮説検証アプローチであるセールスエンジニアリングデザイン（以下、SED）のブリーフィングとして開発されたのが、【SEDブリーフ】である。

　では、早速【SEDブリーフ】を紹介したい。次のように9つに要約している。

【SEDブリーフ】
1．**広告の目的、目標** 　あなたは何のために広告を打ち、どれくらいの成果をあげたいのか？
2．**特徴の再認識** 　あなたの「内なる驚異」とは何か？

3．競合状態と優位性
　あなたの競合相手は誰なのか？　また、その中であなたはどのようなポジションにいるのか？

4．ターゲット
　あなたをほしい人は誰なのか？

5．インサイト
　あなたをほしいであろう人が感じている本音とは何か？

6．ターゲットの反応
　広告を打った結果、あなたが期待したいターゲットの反応は何か？

7．最も大切な提案
　ターゲットに関心を持ってもらうため、あなたが訴える最も大切な提案（メッセージ）とは何か？

8．信頼性とその根拠
　ターゲットが広告のカベを破って購入に至るという広告の目的を達成するために、あなたの信頼できる最大の点は何か？　また、その信頼性を証明する根拠とは何か？

9．効果的なオファー
　ターゲットに告げるべき、次にとってもらうべき行動とは何か？

※ここでいう「あなた」とは、広告を実施したいあなたの商品・サービス、またはあなたの店自体のことである

では、次に実際の記載方法を詳しく説明しよう。

3　【SEDブリーフ】記載方法

1．広告の目的、目標 ──
　　[あなたは何のために広告を打ち、どれくらいの成果をあげたいのか？]
　広告を打つ目的とは、その商品・サービスの優位性を訴求することで消

費者の共感を得て、その結果、販売に結びつけることである。単に、知名度UPや認知度UPだけにとどまるものではない。

「どんな刺激を与えたら、消費者があなたの商品・サービスのことを覚えてくれるのか」「あなたの商品・サービスを買う気持ちになってくれるのか」を深く考え、どんなことを訴求するのかが、広告において明確に表現されていなければならない。その結果として、知名度UPのみならず、購買の動機づけ、さらには差別化による購買層の拡大などを生み出したい。

またレスポンス広告の場合、広告を打つことにより達成したい目標とは、オファーを明確に決定し、「何人の見込み客を集めるのか」「何件、集客できるのか」というように、反応数も検討する必要がある。

2．特徴の再認識

［あなたの「内なる驚異」とは何か？］

広告を打つべきしっかりとした商品・サービスであれば、何らかの驚くべき要素や魅力、さらには並外れた特徴といった「内なる驚異」があるはずである。売り手側にとっては、その特徴が日常生活の一部なので当たり前のことにしか感じられないかもしれないが、潜在的に商品に関心のある消費者がそのことを知ったらどう思うだろうか？　創造性の探求はまさにここを起点とし、あらゆる特徴を再認識することからはじまる。

3．競合状態と優位性

［あなたの競合相手は誰なのか？　また、その中であなたはどのようなポジションにいるのか？］

「内なる驚異」を見出したら、次にそれをいかに商品・サービスの利点として転じていけるのかを考える。その利点には、単なる特徴ではなくそ

こから競争上の最大の強みとなるものを選ぶ必要がある。

　競合商品に勝つためには、その最大の強みで差別化を図り、何らかの優位性を見つけ出さなければならないが、第一に、商品・サービスそのものの機能的な価値で優位性を吟味する。商品であれば、成分、味、香り、色、テクスチャーなどである。サービスならば技術力、性能、時間の効率性、安全性などがある。

　次に、その商品が消費者の心に影響を与える部分、すなわち情緒的、感覚的な価値を考慮し、優位性を検討する。

4．ターゲット

［あなたをほしい人は誰なのか？］

　ターゲットを決めるというのは、あくまでその商品・サービスに対して、購買の可能性が高い人たちを選び出すことである。

　「どんな人に売りたいのか？」ではなく、買ってくれそうな人、こちらを向いてくれそうな人を探し出すことが大切である。単に10代、20代の女性、20代から30代後半の女性、もしくは都会で生活する女性全般というような大まかな分類ではない。なぜなら、個々の女性は、興味も趣味も、食べ物の好き嫌いも容姿も、あるいは話し方もまったく異なるからである。広いターゲット層から同じ情報に関心を持つ層を、いかにすくい上げるかが重要となる。

5．インサイト

［あなたをほしいであろう人が感じている本音とは何か？］

　「広告の目的、目標」と「ターゲットの反応」は深く結びついてる。「なぜ、ターゲットがその商品を買わないのか」「なぜ、興味を持たないのか」

の答えは、消費者の本音にある。つまり、本音に応えなければ広告の効果を上げることはできない。この本音を正確に探ることが大切な要件となる。

6．ターゲットの反応 ──
[広告を打った結果、あなたが期待したいターゲットの反応は何か？]

　広告を見た結果、ターゲットに考えてほしいことであり、ターゲットの本音に深く結びつくのが反応である。「どのようなことをターゲットに訴求すれば、反応を引き出すことができるのか」について、深い洞察力で検討したい。これは、コピーを考える上でも重要な要素となる。

7．最も大切な提案 ──
[ターゲットに関心を持ってもらうため、あなたが訴える最も大切な提案（メッセージ）とは何か？]

　広告を打つ商品・サービスをターゲットが使用した場合、「どのようにターゲットの悩みや不安を解消できるのか」、「どのように欲求を満たすことができるのか」、そして「どのように生活が変化するのか」について、消費者に提案することが大切である。この提案は、あくまでこの商品・サービスの特性に基づいたものでなければならない。

8．信頼性とその根拠 ──
[ターゲットが広告のカベを破って購入に至るという広告の目的を達成するために、あなたの信頼できる最大の点は何か？　また、その信頼性を証明する根拠とは何か？]

　事実を1ミリたりとも誇張していないとしても、その広告を真正面から信じてもらうことはまず難しい。消費者は広告を広告としてしか認識しな

いからだ。そのため、できるだけ信頼の置ける、誠意に満ちたトーン＆マナー（※）を打ち出し、かつその根拠として事実に裏付けられた、具体的で圧倒的な証拠を見せなければならない。

9．効果的なオファー ──
［ターゲットに告げるべき、次にとってもらうべき行動とは何か？］

　１〜８までをしっかりと設計したとしても、これだけではどうにもならない。消費者は日々の生活を送っている中で、ほとんどの人が「次に何をしなければならないか？」と考えているヒマはない。広告を見ても、購入といった次の行動に移そうと考えないのだ。

　だから、効果のある広告とは、そんな人が次にとるべき行動を明らかにし、それをターゲットに伝えるものである。

※トーン＆マナー：広告表現の一貫性を保つため、醸し出される雰囲気や調子など表現のスタイルや方法などのルールのこと

　いかがだろうか？
　このように、要件は９つとシンプルだが、一つひとつじっくりと考え、要件をまとめることによって、効果が上がる広告づくりの第一歩を踏み出すことができる。

　以上のような【SEDブリーフ】で要約していった思考プロセスを、第１章のCASE２で紹介したカイロプラクティックを例に紹介したい。

4 カイロプラクティックの事例 ── 足元を今一度見直す

　カイロプラクティックで実施してきた、販売促進策の概要をまずは見ていきたい。

（1）販促活動を足元から見直す

　2003年のことだが、都内のあるゴルフ練習場内に開業しているカイロプラクティックオフィスがあった。この店は当時、開業後2年経っていたが、平日はもとより土日でもなかなか患者が集まらず、経営的にも厳しい状況だった。

　当時この店の集客方法は、もっぱら近隣にチラシをポスティングしたり、地域誌に広告を出すということが中心だった。しかし、なかなか思うように集客ができない。そんなとき、あることをきっかけにお客が増え続け、商売が順調に回っていくようになったのだが、そのきっかけとは、たったひとつのことだった。それは、「足元を見直した」のである。どのようなことかというと、この店は、ゴルフ練習場内に開業しているにもかかわらず、足元のゴルフ練習場内に訪れるゴルファーにほとんどアピールをせず、外側の住民を集客しようとしていたのである。

　土日であれば、1日約1500人のゴルファーがゴルフ練習場に来るという集客力を利用し、この人たちを真っ先にターゲットにすることが最短の近道であるにもかかわらず。

　このことに気づいてから、まずターゲットをゴルファーに絞り、「ゴルファーのコンディショニングとパフォーマンス向上をサポートする」という、具体的かつ明確なメッセージを打ち出した。

　「どんなロケーション（立地条件）か？」、「ターゲット（対象者）は誰

か？」というように、まず足元から見つめ直し、その対象に的確なメッセージを伝えるということは、考えれば当たり前のことだが、案外、自分自身のことを客観的に見るのは難しいものかもしれない。

　では、具体的にどのような集客方法を実施したのかというと……。

　まずは、名刺をはじめ店のすべてのツールに、「ゴルファーのコンディショニングとパフォーマンス向上をサポートする」を記載することからはじめた。

　このメッセージを入れることにより、ゴルファー（ターゲットとしての潜在顧客）に「ここはあなたのための店です」ということを、はっきりと伝えることができる。

　これを起点として、次なる販売促進活動の展開は、ポスターとチラシを連動したツールをゴルフ練習場内に掲示していくことだった。

（２）ポスターとチラシを連動した実験

　ポスターとチラシを連動した販売促進策を試みるために最初にしたことは、ゴルフ練習場内にポスターを掲示するため、練習場側に許可を得るアプローチをしたことである。この交渉の結果、掲示場所として５カ所を確保することができた。

　その後、より高い効果を狙ってある実験を試みた。それは、単純に同じポスターを５カ所に掲げるのではなく、５種類の違う表現（見せ方）にして、どのように反応が変わるのかを仮説検証するようにしたのである。実際に次の行動に移してもらわなければ、集客に直接つながらないため、ポスターの下に必ずチラシを設置し、見た人が持って帰れるようにした。その結果、「18頁のポスターE」を使った場合に、ポスター下のチラシ取得数が圧倒的に多かったことは、第１章で触れたとおりである。

こうした集客術を身につけたことによって、その2年後の同店では、施術の技術力、カウンセリング力をより向上させ、院長の念願だった「駅前の路面店に開業する」ことを実現させるまでに至った。現在は、当時のターゲット設定とは変わっているが、順調に商売を継続しているようである。

この事例では、足元を今一度見直すことをきっかけに、広告、販売促進を展開してきたが、ここで、広告を作るプロセスとして、具体的なブリーフを見ていただきたい。

5 カイロプラクティックの事例 ──【SEDブリーフ】

では早速、事例のカイロプラクティックが、実際どのように【SEDブリーフ】を使って広告作成の要件をまとめていったのかを見ていきたいと思う。

1．広告の目的、目標 ──
　　[あなたは何のために広告を打ち、どれくらいの成果をあげたいのか？]

前述のように、このカイロプラクティックオフィスは、平日はもとより土日でもなかなか患者が集まらなかった。その理由のひとつは、ターゲットが定まっていなかったからである。

そこで、まずはゴルフ練習場内にポスターとチラシを連動したツールを掲示し、身近なところに「ゴルファーのコンディショニングとパフォーマンス向上をサポートする」サービスがあることを伝え、ゴルファーにゴルフの練習をする前後の空いている時間に来院してもらうことを目的とした。

そして、土日はもちろんのこと、平日を含めた全体で、新規客を広告掲

【セールスエンジニアリングデザイン（SED）】要件整理

ポスター

チラシ

チラシ表面

チラシ裏面

　載期間だけでも１日につき平均１人増やし、１カ月で30人の新規客を増やすことを目標とした。

063

2. 特徴の再認識 ──
[あなたの「内なる驚異」とは何か？]

このカイロプラクティックオフィスでは、院長が国際基準の専門教育を4年間、4208時間受講している。これは、ほかのカイロプラクティックオフィスすべてに該当するわけではない。技術教育に対して圧倒的な時間をかけている。

この事実は、この業界では当たり前のことのように感じられるかもしれないが、潜在的に関心のある消費者は、このことを知ったらどのように思うだろうか。

3. 競合状態と優位性 ──
[あなたの競合相手は誰なのか？　また、その中であなたはどのようなポジションにいるのか？]

当時は、カイロプラクティックは今ほど消費者に知られていない。だから競争相手としては、他業界、他業種に目を向ける必要があった。例えば、整骨院や他のマッサージ業がこれにあたるだろう。「院長が技術を中心とした教育を4208時間受けている業種がほかにあるだろうか」、「これは単なる特徴ではなく、最大の競争上の強みとなるのではないだろうか」。このように考えていき、いわゆる差別化された優位性としての仮説を立てていくのである。

4. ターゲット ──
[あなたをほしい人は誰なのか？]

「ゴルファーのコンディショニングとパフォーマンス向上をサポートする」というメッセージのように、今回のターゲットは、カイロプラク

ティックオフィスがあるゴルフ練習場のゴルファーである。

　中でも、腰痛持ちで腰に爆弾を抱えているような人、四十肩、五十肩で手が思うように上がらない人、背中に張りを感じる人、首がうまく回らない人。こうした悩みや不安を抱えていて大好きなゴルフが思うようにできないゴルファーがコアターゲットとなる。

5. インサイト

[あなたをほしいであろう人が感じている本音とは何か？]

　4のようなターゲットの人であっても、当時は、今ほどカイロプラクティックは消費者にとって知られていないので、「今の痛みを和らげることが本当にできるのか？」「逆に痛みがひどくならないのか？」「整体とはどう違うのか？　何となく怖いイメージがあるのだけど……」など、「なぜ、ターゲットがそのサービスを受けないのか？」の答えを探し出し、本音を正確に探ることが大切である。

6. ターゲットの反応

[広告を打った結果、あなたが期待したいターゲットの反応は何か？]

　「カイロプラクティックって、あまり聞いたことがないけど、著名人やスポーツ選手も受けているし、安心なのかもしれない」「カイロプラクティックって、日本ではあまり馴染みがないけど、アメリカでは結構歴史が長いから、一度、受けて見ようかしら……」「ここの院長、誠実そうだし、丁寧に施術してくれるかもしれない」。

　広告を見た結果、このようなことをターゲットに感じさせ、5にあげた本音を払拭してもらい、まずは「お試しコース」を受けに来てもらえるように知恵を使うことが重要である。

7. 最も大切な提案 ──
[ターゲットに関心を持ってもらうため、あなたが訴える最も大切な提案（メッセージ）とは何か？]

国際基準の専門教育を4年間、4208時間受講している院長が、十分な知識と技術で、安全で質の高い治療を施すことによって、体の痛みや不調なく、大好きなゴルフを思う存分楽しんでもらいたい。

このメッセージをインパクトと共感性の高いビジュアルで、消費者の関心を引きつけられるよう、めいっぱい工夫するのが重要なことだった。

8. 信頼性とその根拠 ──
[ターゲットが広告のカベを破って購入に至るという広告の目的を達成するために、あなたの信頼できる最大の点は何か？ また、その信頼性を証明する根拠とは何か？]

4208時間の教育を受けているということは、事実を1ミリたりとも誇張していない。だが、消費者にとっては、この表現を使っても広告としてしか認識することはできない。だから次のステップとして、チラシで次の疑問に答えることが重要だろう。

「院長はいったいどのような人なのか？」
「利用者はどのように感じているのか？」
「院内はどのようになっているのか？」
「カイロプラクティックとは、そもそもどのようなものなのか？」
「どのような順番で施術するのか？」

これらの疑問に、できるだけ信頼、事実、誠意に満ちたトーンで答える必要があった。

9．効果的なオファー

[ターゲットに告げるべき、次にとってもらうべき行動とは何か？]

前述の1〜8を設計しつくしたとしてもまだ足りない。チラシを連動することはもとより、チラシには期間限定のクーポンを用意し、「期間までに予約を入れないと特典がなくなる」、または「予約が取れなくなる」ことを、チラシを見た人にしっかりと伝えるところまで設計する必要がある。

最終的には、ここまで設計しないと広告の役割をはたしているとは言えない。

いかがだろうか？

この結果、当初の1カ月で1日平均1人、1カ月で30人の新規客を増やすという目標を達成することができた。これは規模としては少ないように思えるかもしれないが、なにせ今までが月に2〜3人の新規客しか増えていなかったことを考えると、圧倒的な数である。しかも、ひとつの切り口の販促策を実施したことによって、この効果がその後、何カ月も続くことになる。

また、カイロプラクティックのような業態の場合、その後のリピートを増やすことが次の課題となるが、こちらもその後、比較的うまく進めることができた。

これら一連の販売促進策を実施するにあたり、最初のレスポンス広告を打つための要件整理に【SEDブリーフ】が活用された。

第3章 「レスポンス広告」を手掛ける前に知っておきたいこと

ここで、ひとつ事例を紹介しよう。

表面A

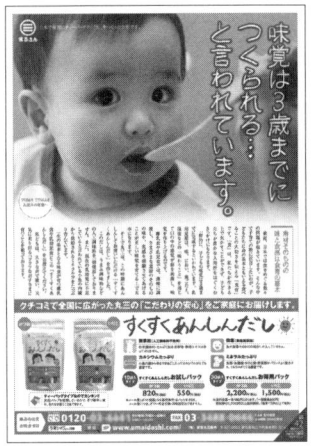

表面B

裏面 共通

東京丸三販売は、おだしの人気商品「純だし」「ふりだし」の専売会社（製造は丸三食品）で、約40年もの長い間、調味料を中心に販売している。同社は、もともと自然素材に近い材料を使った商品の販売をしてきたが、新商品として、"完全無添加"のだしの販売をスタートさせた。

　「純粋だし」という商品名でテスト販売を行なったが、高額商品のため、なかなか売上げを伸ばすことができず、突破口を見出せないでいた。それもそのはず、初めにターゲットを単に富裕層という漠然としたところに設定したため、既存客も含めて、ターゲットへの動機づけが弱かったからだ。

　そこで、「乳幼児に食べてほしい商品」というように、ターゲットを乳幼児向けに変更した。なかでも、食育を強く意識している、0～6歳の子供を持つ母親たちにターゲットを絞り、ネーミングとパッケージ自体を変更した。変更後に打ったチラシ広告が左頁の写真のチラシだ。

　また、この広告のために準備した要件書【SEDブリーフ】は以下の資料の通り。

【SEDブリーフ】記載例

1．広告の目的、目標
　　目的＝新商品「すくすくあんしんだし」を試してもらう
　　目標＝商品同梱チラシにて100人の新規客を獲得する

2．特徴の再認識
　　・40数年前に、日本で最初にティーバッグの「だし」を作った会社である
　　・原材料、製造時の水、ティーバッグの素材までこだわり、厳選している
　　・お客さまの声に耳を傾け、本当に必要で安心なものだけを提供している

3．競合状態と優位性
　競合状態
　・無添加のだしパックは、大手食品会社、かつおぶし屋などから多く出ていて、原料のこだわり（有名産地）をうたっている
　・大人向けで、高級料理店の味などの旨みを追求した商品が多い
　優位性
　・40数年前に日本で最初にティーバッグの「だし」を作った会社が新しく開発した無添加だしパックである
　・他社は安全・安心を打ち出しているが、安全基準範囲の中での無添加である
　・既存客に、母の代から娘へという長期の愛用者が多い
　・乳幼児にターゲットを絞った「だし」商品はほとんどない

4．ターゲット
　・乳幼児や小さな子供を持つ親（特に母親）と家族
　・食育に関心のある親や近親者（特におばあちゃん）
　・アレルギー持ちの方や、その子供を持つ親や近親者（特におばあちゃん）

5．インサイト
　・子供に化学調味料が含まれたものを食べさせたくない
　・正しい味覚の子供に育ってほしい
　・調理時間は短いほうがよい
　・アレルギー体質の人が安心して食べられる食材がほしい

6．ターゲットの反応
　・これなら、安心して子供に食べさせられるので使ってみよう
　・味覚障害を心配していたので、早速使ってみたい
　・ティーバッグだから便利で簡単そう。買ってみようかな
　・この会社って消費者の声を真剣に聞いてくれるのね。信頼できるかも

7．最も大切な提案
　　・「すくすくあんしんだし」は、お客さまの声から生まれた、安心・安全を追求した、こだわりぬいて開発された商品なので、正しい味覚が必要である乳幼児にも安心して食べさせることができる

8．信頼性とその根拠
　　・原材料、製造時の水、ティーバッグの素材まで、他社にはまねができないほどこだわり抜いている
　　・数々の書籍や雑誌でこだわりの商品として取り上げられている
　　・愛用者から太鼓判をもらっている

9．効果的なオファー
　　・低価格のお試しパック

　このように【SEDブリーフ】は、広告づくりの前に、かならず実施しておきたい「型」であり、マーケティング戦略の思考を言語化した要約書でもある。
　たった9つの要件整理を最初に行なうことによって、販売促進の突破口を見出し、広告の効果を上げることができることを、まずは知っておいてもらいたい。

確実に販売につなげる
驚きのレスポンス広告作成術

第4章

イメージ広告は悪か？

【セールスエンジニアリングデザイン（SED）】
構造地図とアイキャッチ

第4章 イメージ広告は悪か?

1 右脳型広告 VS 左脳型広告

　第1章のCASE1で見てきた3種類の書道教室チラシの結果によって、「広告の反応は、ビジュアル面に大きく影響される」ということがわかったが、もう少し詳しくこのことについて考えてみたいと思う。

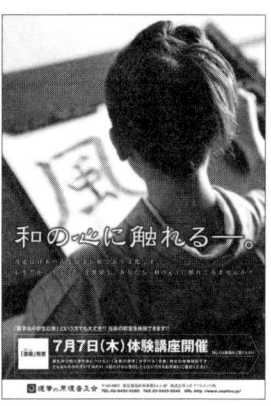

表面A　　　　　表面B　　　　　表面C

　前述のように、この広告を反応の高い順に並べると次の通りである。

$$B > A > C$$

　ダイレクトマーケティングを学んできた人にとって、次の言葉が呪文のように耳に残っている人がいるかもしれない。
「イメージ広告はお金をドブに捨てるようなものだ!!」
　しかし、よくご覧いただきたい。チラシAは、コピーライターとして著名なジョン・ケイプルスが音楽学校の集客のために作ったダイレクトメール広

告で使われていた冒頭のコピー、「私がピアノの前に座った時、彼らは笑った。しかし、私が弾きはじめたら、どうだろう？」をまねたコピーだ。とても反響が高かったこともあり、今では伝説となっているダイレクトマーケティングの王道手法が、チラシBのビジュアル系広告に負けるなんて、いったい何が起こっているのだろうか？

以前から、あなたの身近でこんな出来事が起こっていないだろうか？
「コピー中心の広告を打っても、反応が少なくなってきている」「コピーで煽ると、なぜかクレームの多い客が増えてきている」

反応の結果を踏まえて、こうした事象を解明する手掛かりをお伝えしよう。

2 広告の構造地図とは？

広告の構造地図と聞いて、何やら難しく感じるかもしれない。簡単に言うと「レイアウト」のことである。

私の尊敬する広告人であり、アートディレクターの故山田理英先生の著書『広告表現を科学する』（日経広告研究所）には、広告表現について興味深いことが記載されている。

> 広告では、「注目率」の獲得が何よりも肝心なことは第一の常識になっている。「注目率」に影響を与える要素としてレイアウトが考えられる。それにもかかわらず、広告の本でレイアウトを一番最初に解説したものがほとんどない。今までの広告表現研究といえば、「何を」「どう語るか」を第一のポイントとしてきた。
>
> アムステルダム大学のフランツェン教授が調査データを示し、多く

の人がひとつの広告の刺激に0.3秒間凝視し、1秒以内に「この広告は注意するに値するかどうか」を決めていると指摘している。新聞広告の「注目率」にスポットを当て、いろいろな解析を繰り返し行なったところ、結果的にフランツェン教授説をさらに具体化する糸口をつけるかのように、切りフダはレイアウトにあるということが浮きぼりになった。そして細かく見ていくと、「構造地図」に沿ったものが注目率を高めるうえで最も大きなカギを握っていることもわかってきた。（途中省略）

　この著書には以上のような記述とともに、「広告を見た時に、最初に目にするものは、次の要素のうちのどれか？」ということで、構造地図、絵のスペース、カラー、ボディコピー数、絵の数、訴求内容、余白、字体、キャッチコピーの位置など、40項目以上の要素の調査報告もされている。その調査では、圧倒的に「構造地図」の注目率が高かったという結果が出ているのである。
　このように、広告を見たときにまず最初に目にするのは、構造地図といわれる全体のレイアウトということがわかった。つまり、われわれも含めた消費者は初めに、広告の全体像を見るということのようだ。
　そこで、「構造地図」について考察するにあたって、ひとつのフレームワークを見ていきたいと思う。

3 広告の構造地図を確認するポジショニングチャート

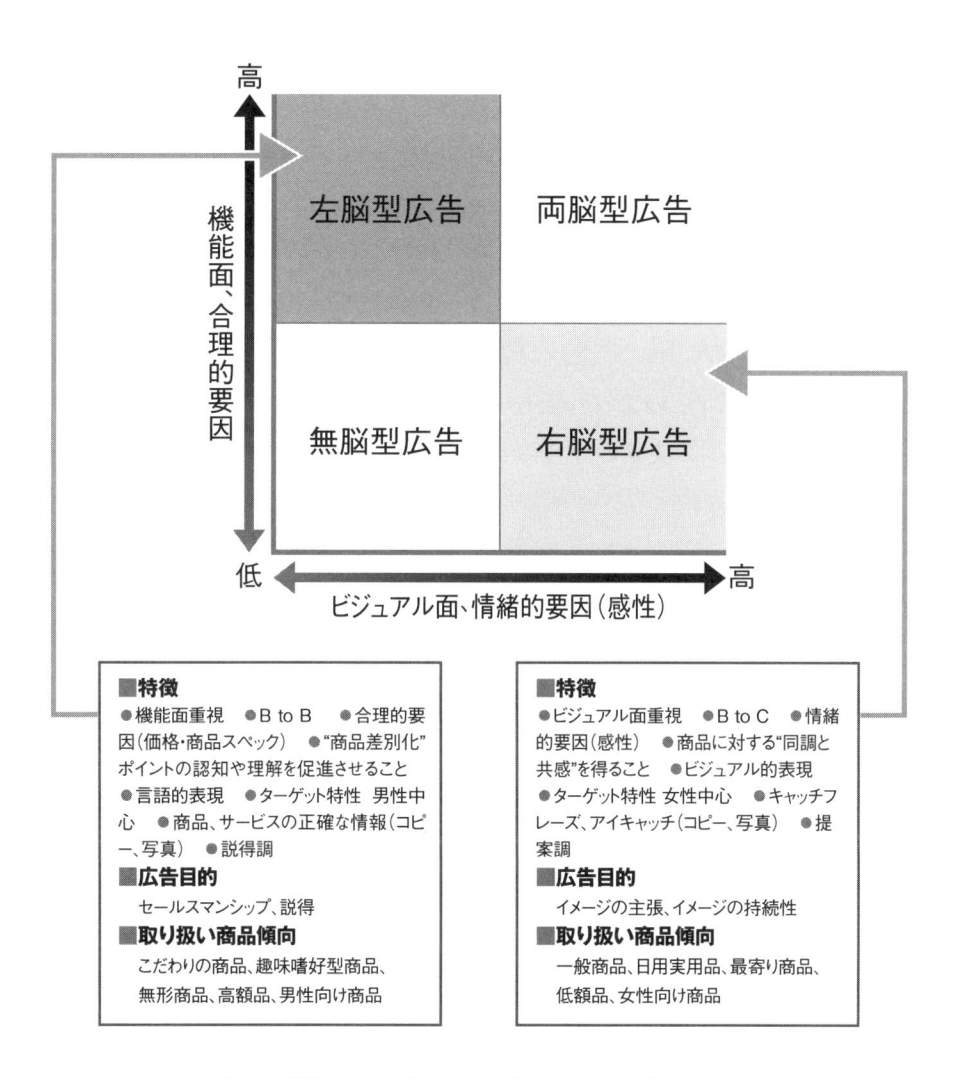

縦軸：機能面、合理的要因（低←→高）
横軸：ビジュアル面、情緒的要因（感性）（低←→高）

- 左上：左脳型広告
- 右上：両脳型広告
- 左下：無脳型広告
- 右下：右脳型広告

■特徴
●機能面重視 ●B to B ●合理的要因（価格・商品スペック） ●"商品差別化"ポイントの認知や理解を促進させること ●言語的表現 ●ターゲット特性 男性中心 ●商品、サービスの正確な情報（コピー、写真） ●説得調

■広告目的
セールスマンシップ、説得

■取り扱い商品傾向
こだわりの商品、趣味嗜好型商品、無形商品、高額品、男性向け商品

■特徴
●ビジュアル面重視 ●B to C ●情緒的要因（感性） ●商品に対する"同調と共感"を得ること ●ビジュアル的表現 ●ターゲット特性 女性中心 ●キャッチフレーズ、アイキャッチ（コピー、写真） ●提案調

■広告目的
イメージの主張、イメージの持続性

■取り扱い商品傾向
一般商品、日用実用品、最寄り商品、低額品、女性向け商品

広告の構造地図を確認するポジショニングチャート

第4章 イメージ広告は悪か?

　早速、図のチャートを見ていただきたい。このチャートを見て、勘が鋭い人はすでに理解できたかもしれない。私は心理学や大脳生理学の専門家ではないので、右脳と左脳について詳しく述べるつもりはないが、広告屋として「右脳と左脳の違いを広告表現として置き換えてみると、どのような位置づけになるのか」を大ざっぱに定義づけてみたのが、このポジショニングチャートである。

　右脳型広告と左脳型広告の違いは次の通りである。

　右脳型広告とは感性的表現で、ビジュアル面を重視した広告である。目的は、イメージの主張、イメージの持続性。特徴としては、商品に対する"同調と共感"を得ることであり、ターゲット特性は女性中心で、取り扱い商品の傾向としては、日用・実用品、低額品となる。

　一方、左脳型広告とは言語的表現で、機能面を重視した広告である。目的は、セールスマンシップ、説得。特徴としては、"商品差別化"ポイントの認知や理解を促進することであり、ターゲット特性は男性中心で、取り扱い商品の傾向としては、こだわりの商品、趣味嗜好型商品、無形商品、高額品となる。

　以上のようなことは、今までクリエイティブテストを重ねてきた結果、見えてきたことでもある。

　では、実際の事例を交えてもう少し具体的に見ていきたいと思う。

4　書道教室のチラシをポジショニング

　先ほどのチャートに、本章の冒頭で触れた書道教室の集客チラシをポジショニングしてみたのが、右頁の図である。

　大雑把ではあるが、チラシAは左脳型広告、チラシBは両脳型広告、チ

ラシCは右脳型広告と位置づけた。また、無脳型広告に位置づけたチラシは、実際には使用していない。このような、訴求ポイントが明確になっていない無脳型広告だけは避けたいところだ。

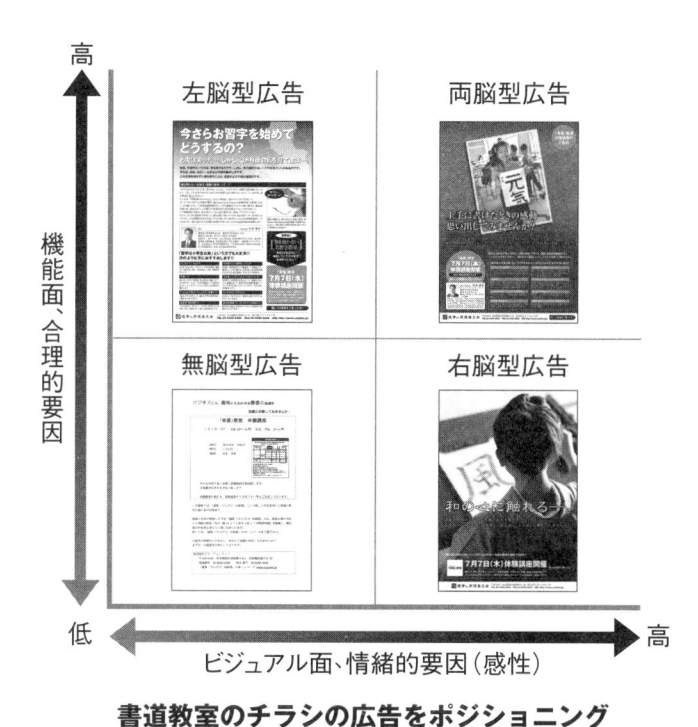

書道教室のチラシの広告をポジショニング

ここで、大前提を述べておく。

チラシの裏面（第1章15頁参照）は、レスポンス広告の原則となる要素、「お客さまの声」「オファー」「レスポンスデバイス(※)」から構成され

ていて、効果が上がる流れをとっている。レスポンス広告の知識はとても重要だが、チラシ広告のように、ほんの一瞬しか（特に折り込みチラシの場合は、0.2秒で判断されると言われている）消費者の意識が向かない媒体の場合は、第一印象で感じ取る構造地図（レイアウト）を絶対に疎かにできない。

構造地図（レイアウト）が左脳型である文章中心のものでは、ターゲットが女性の場合には適さない。

だからと言って、顧客ベネフィットも好奇心も満たしていない表現である、右脳型のイメージ中心の広告では消費者は反応しにくい。

そこでチラシ系広告の理想的な構造地図（レイアウト）とは何かと考えると、両脳型広告のパターンに行き着く。

男女別の反応の結果でも、参加や問い合わせがあった人を確認すると、左脳型のチラシAでは圧倒的に男性が多く、右脳型のチラシCではやや女性が多かった。そして、両脳型のチラシBではほぼ男女同数で絶対数も多かったのである。

※レスポンスデバイス：フリーダイヤルの電話番号やファックス番号、返信ハガキなど、広告媒体を受け取った人が、申込みや問合わせをする手段のこと

5 美容室のミニコミ誌広告をポジショニング

次にこのポジショニングチャートに、第1章CASE 3（23頁）で紹介している美容室のミニコミ誌広告をポジショニングしてみたのが、右頁の図である。

あくまでも大雑把にしかプロットできないが、AとBは、Cと比べると文字が多いので、ビジュアル面よりも機能面を優先した広告と言える。さ

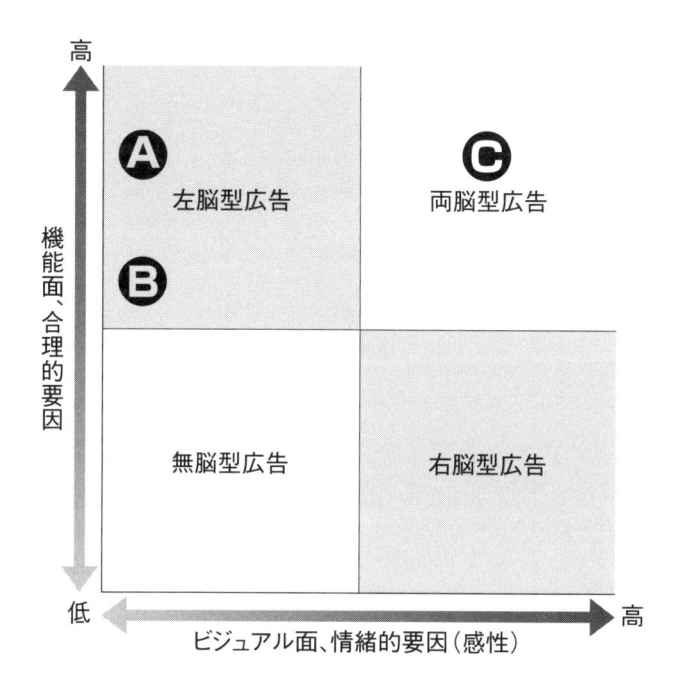

```
         高
         ↑
         │  ┌─────────────┬─────────────┐
         │  │    Ⓐ        │    Ⓒ        │
機        │  │  左脳型広告  │  両脳型広告  │
能        │              │
面        │  │    Ⓑ        │              │
、        │  │              │              │
合        │  ├─────────────┼─────────────┤
理        │  │              │              │
的        │  │  無脳型広告  │  右脳型広告  │
要        │  │              │              │
因        │  │              │              │
         │  └─────────────┴─────────────┘
         ↓
         低 ←───────────────────────────→ 高
              ビジュアル面、情緒的要因（感性）
```

らに、AとBを比べるとAのほうが若干煽るコピーを使っていることから、幾分機能面が高い左脳型広告と言える。また、一番反応のよかったCは、ビジュアル面やデザインのバランス等を勘案して、チラシ系広告の理想的な特徴を持つ両脳型広告に入ると言えるだろう。

　このケースの場合、ターゲットは女性なので、構造地図として、やはり文字が多すぎるのは避けたいところである。だからと言って、単純にモデルを起用するなどのイメージ広告では、反応を取れないだろう。以上のことからも、第1章で述べたように、両脳型広告であるCに軍配が上がったのではないかと推測できる。

6 両脳型広告とは？

では、この両脳型広告の特徴とはどのようなものなのだろうか？

簡単に整理してみたのが、以下である。

---

1. ビジュアルが目を引くように工夫されている
2. アイキャッチを見ただけで、そのほかの要素を見たくなる流れになっている
3. 顧客ベネフィットを表現している
4. 決して煽らない
5. 全体のデザインのバランスがよい

今回テストを行なった書道教室のチラシは、男性と女性の両方をターゲットとしているので、特に両脳型広告に軍配が上がったのではないかと推測される。また、美容室のミニコミ誌広告の場合も両脳型広告に近づけたほうが理想的だろう。

会社や商品に強力なブランド力がある場合は、右脳型広告としてビジュアルを全面に出してもそこそこ反応が取れるかもしれないが、そうでない場合、ある程度の左脳型広告的要素も必要となる。例えば、商品・サービスの詳細情報や、商品・サービスの差別化ポイントの理解促進などがこれにあたる。

ただ、このポジショニングチャートを参考にする際に注意してほしいこ

とは、両脳型広告が絶対ではないということだ。業種、ターゲット（訴求対象）、商品特性、価格帯、広告媒体によってどのタイプの広告が有効なのか異なってくるので、よく検討した上での活用が必要である。

7 構造地図における右脳型と左脳型の使い分け

使い分けの例を挙げると、コンサルタントや士業の先生はもちろんのこと、B to B（※）の企業の場合は左脳型広告が望ましい。なぜなら、これらに該当する取引は、購買行動が合理的に行なわれる場合が多いからである。ただ、その場合であっても、目を引くための工夫が必要であることに変わりはない。

次の事例をご覧いただきたい。

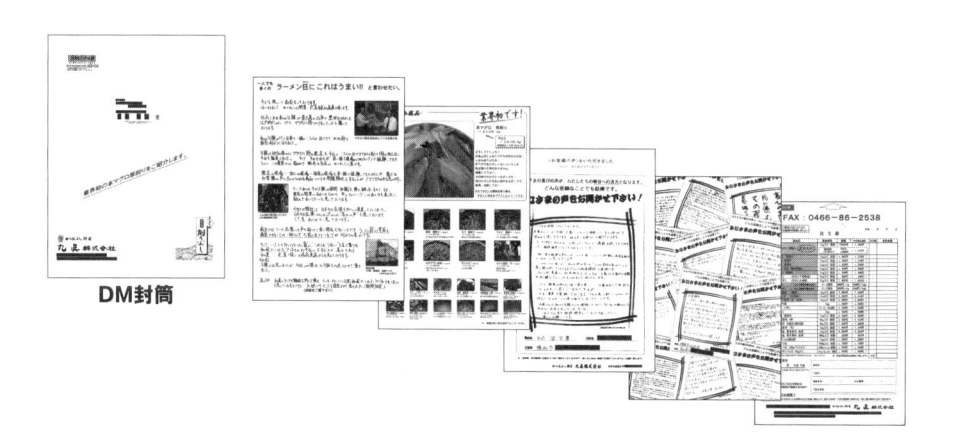

DM封筒

第4章 イメージ広告は悪か？

　この事例は、そば店を顧客に持つ、かつお節卸業の会社が出したDMだ。ラーメン店を開拓する目的で、電話帳からまずは300件のリストをピックアップしてDMを送っている。その結果、なんとDMだけで15件の注文を受けることができ、その後の電話によるフォローで、さらに15件の注文を受けることができた。

　最終的にトータルで30件の注文を受けることができ、成約率は10％となった。通常のDMアプローチではあり得ないほどの高い成果をあげたのである。

　DMを送った先は見込み客や既存客ではなく、この会社のことをまったく知らない未認知客であるにもかかわらず、このような成果をあげられたことは、特筆すべきことである。

　封筒には、「業界初の本まぐろの厚削りをご紹介します」というように、封筒自体を開けやすいように工夫が施されている。内容については、2代目の社長が、創業者である自分の父親を語りつつ会社のこだわりを伝える、ストーリー性のある挨拶文をはじめ、商品の訴求ポイントを絞ってわかりやすく伝えていること、そしてお客様の声を上手に活用するなど、随所にかなりの工夫を凝らしている。

　とはいえ、このような高い反応が取れたのは、構造地図の観点から見てもその理由がわかる。

　この事例では、ターゲットであるキーマンはラーメン店の店主で、男性が圧倒的に多い。このように、ターゲットが法人の場合はコスト面や機能性などの論理的な解釈による判断が、購買の意志決定に重要な要素となってくる。

　このDMの内容を見ればわかる通り、ビジュアル面を重視した右脳型ではなく左脳型広告によって、勝ちパターンを築いたと言えるだろう。

反対に、女性客をターゲットにした業種の場合は要注意である。なぜなら、多くの女性は長い文章を読むことを嫌うからだ。ましてや、0.2～1秒の間に判断される広告媒体の場合はなおさらである。

　だが、いくらビジュアルが重要だからといって、派手なビジュアルを意味もなく使ったり、コンセプトと合わない色で目立たせたりすると逆効果になってしまう。

　ダイレクトレスポンス広告を学んできた人にとっては、まだ納得できないことがあるかもしれないが、次のことを踏まえてほしい。

　もともとダイレクトレスポンス広告の表現は、歴史的に左脳寄りの傾向が強かった。なぜなら、対面せずに高額の商品を売るためには、コピー量の多い説得系の左脳訴求型にならざるを得なかったからである。こうした経緯があったので、ビジュアル面を軽視してしまう傾向が強くなったのも仕方がないことかもしれない。

　だが、私が最も言いたいのは、いくらダイレクトレスポンス広告が有効な手法だからと言って、「左脳型広告を安易に取り入れないでほしい」ということだ。

　応用せずに、そのまま「店舗系の集客のチラシをまねる」「女性客がターゲットの業種で使う」「ブランド系商品であるのに取り入れてしまう」ということには注意が必要だ。

　先ほどのチャートをただ「意識する」だけでも、広告表現に関して今まで「よくわからなかった霧の部分が晴れた人」が増えている。その人たちの中には、広告を自身で作成している人はもちろんのこと、印刷会社や広告代理店にほぼ丸投げしている人も含まれる。

※ B to B：Business to Businessの略で、会社組織間の取引関係を指す。例えば、事例のように、かつお節卸業が消費者に販売することはなく、そば店やラーメン店などに販売することは、B to Bのビジネスを行なっていると言える。B2Bと表されることもある

8 アイキャッチはインパクトがあればいいのか？

下の写真を見てほしい。これは数年前に私宛に届いた、あるカード会社のDMの一部を少しアレンジしたアイキャッチの部分である。

いかがだろうか？　確かにインパクトはあるように思えるが、この広告で販売につなげることができるかどうかは甚だ疑問である。

広告は、インパクトがあればよいと勘違いしている人が多いように思う。

また、本書ですでに何度か触れてきた広告事例であるカイロプラクティックのポスター（第１章18頁参照）をあらためてご覧いただきたい。

５種類の違う表現（見せ方）で、どのように反応が変わるのかを仮説検証したわけだが、このケースでは、ポスターはお客の注意を引き、チラシを取ってもらうことが目的だ。だから、ポスターは通常の広告のアイキャッチの役割となる。

ポスターによる広告表現調査の結果、圧倒的にEのポスター下のチラシ取得数が多く、以下D、Cの順番となり、AとBについては、一番取得数が少なくほぼ同数となったことは前述の通りである。

では、この結果を検証するための糸口として、ひとつの指標を見ていきたいと思う。

9 アイキャッチを判断する指標

その指標とは、アイキャッチに関するひとつの見方である。
先ほどのDMの広告と、カイロプラクティックのポスターをアイキャッチとしてとらえたときの指標をご覧いただきたい。

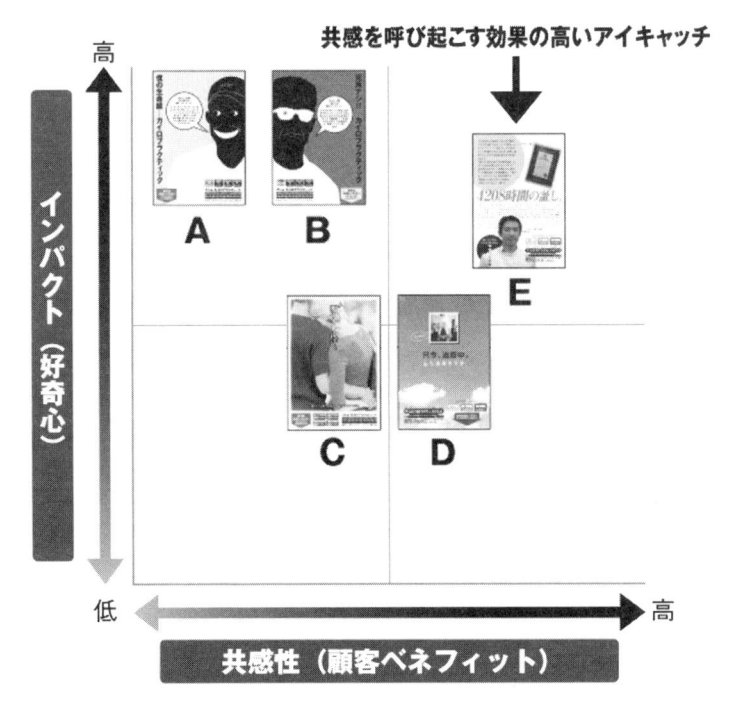

共感を呼び起こす効果の高いアイキャッチ

縦軸：インパクト（好奇心）　高⇔低
横軸：共感性（顧客ベネフィット）　低⇔高

A、B：高インパクト・低共感性
E：高インパクト・高共感性
C：低インパクト・低～中共感性
D：低インパクト・中～高共感性

アイキャッチを判断するポジショニングチャート

縦軸をインパクト、横軸を共感性として、その双方が高いところが最も「注意と興味を引く」という仮説を立てて解説していく。

A、Bは、あなたもご存知であろう著名人を思わせる2人をイラスト化したものだ。なぜこの著名人を使ったかというと、カイロプラクティックのヘビーユーザーだったからである。

この2つのアイキャッチは、「いったい何だろう？」と感じさせるインパクトは高いが、共感性が高いとは言えないだろう。

C、Dについては、インパクトも共感性もともに高いとも低いとも言えないところなので、それぞれ中間に置いた。ただしCについては、キャッチコピーに「腰のキレ復活」、サブキャッチに「いざというときのために、カイロプラクティック」、そして、ビジュアルに思わせぶりなシーンを使っているため、一部の男性（？）には共感性がきわめて高いかもしれない。

最後に、Eはどのような位置付けになるだろうか。

「4208時間の証し」というキャッチコピーを採用することによって、そもそも数字自体、視認性が高いということもあるが、「いったい4208時間って何だろう？」と、見た人が一瞬で疑問を抱くように、高いインパクトで設計している。

また、院長を前面に出すことによって信頼感を醸し出し、共感性を高くすることによって、「注意と興味を引く」ことに成功していると言えるだろう。

この「アイキャッチを判断するポジショニングチャート」は、検証に正確さを求めるものではなく、あくまでもアイキャッチを判断するためのひとつの指標としてとらえてほしい。

同店では、このような仮説検証アプローチの結果を活かして、最終的に

はEのポスターのみ掲示の方針が決定した。

　そして、この実験を2カ月弱実施したことにより、ある程度集客が実現でき、さらにリピート促進も並行して実施していたため、あらためて新規集客のための販促活動を実施する必要もなくなった。

　販売につなげる広告の中でも、まず最初に目にするアイキャッチは重要な要素なので、今回紹介した指標をぜひ参考にしてみてほしい。

確実に販売につなげる
驚きのレスポンス広告作成術

第5章

ターゲットの心理を読みきる設計とは？

【セールスエンジニアリングデザイン（SED）】
ストーリー要素

1 AIDMA（アイドマ）からAUMFA（アウムファ）へ

　第4章では、意識的というよりはむしろ無意識で感じ取るという領域である、広告の構造地図とアイキャッチに関して触れてきた。これは、消費者が広告に注意（注目）を向けるまでのプロセス設計のことである。
　脳科学の権威、ジョセフ・ルドゥーの著書『エモーショナル・ブレイン──情動の脳科学』（東京大学出版会）に、次のような重要な知見が記述されている。

> 　脳内の情報回路には2つあり、①「新・皮質」（意識）の部位に関わり、脳内に情報が入力し、「注意（注目）」がカギになるもの。②「新・皮質」（意識）の部位に関わりなく、「無意識」で脳内に情報が入力するもので、②のほうが圧倒的に多いことがわかっている。

　これは広告にも当てはまる。広告を見ている消費者にとって、注意（注目）するまでのほんのわずかな時間（2秒以内）では、意識化された顕在的な情報よりも、無意識の潜在的な情報で脳が判断しているということ。
　では、私たちはターゲットが注意（注目）を向けてから行動に移るまでに、どのようなことを広告内に設計していけばいいのだろうか。
　ここからは潜在的ではなく、意識化された顕在的な情報の話に移る。
　「あなたの商品をまったく知らない見ず知らずの消費者に、広告を見ただけで行動に移してもらうためには、いったいどうしたらいいのだろうか？」
　この問いについて考えていきたいと思う。

まずは、広告設計において代表的な法則、AIDMA（アイドマ）について触れておきたい。この法則は1920年代、アメリカの販売・広告の実務書の著者、サミュエル・ローランド・ホールが提唱した、消費者が購入に至るまでの心理プロセスの略語である。

AIDMAの法則では、消費者がある商品を知って購入に至るまでに、次のような5段階があるとされている。「Attention（注意）」、「Interest（興味、関心）」、「Desire（欲求）」、「Memory（記憶）」、「Action（行動）」である。このうち、Attention、Interestを「認知段階」、Desire、Memoryを「感情段階」、Actionを「行動段階」と区別している。

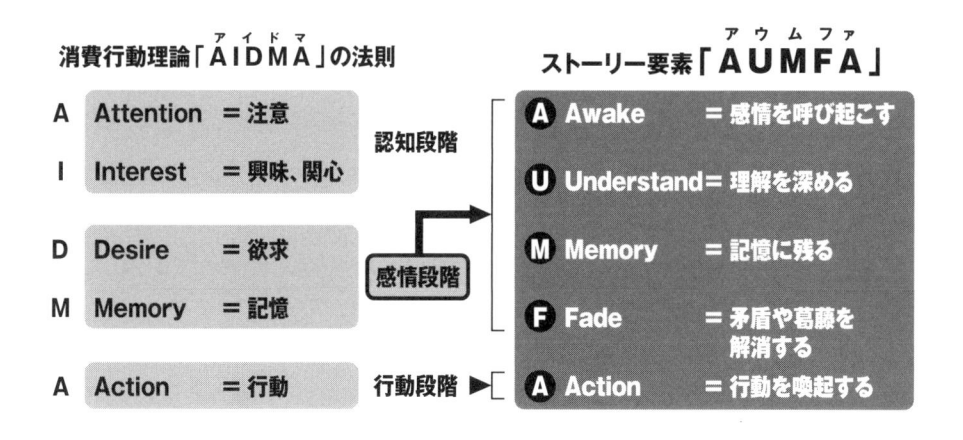

消費行動理論「AIDMA（アイドマ）」の法則

A	Attention	＝ 注意
I	Interest	＝ 興味、関心
D	Desire	＝ 欲求
M	Memory	＝ 記憶
A	Action	＝ 行動

認知段階：Attention, Interest
感情段階：Desire, Memory
行動段階：Action

ストーリー要素「AUMFA（アウムファ）」

A	Awake	＝ 感情を呼び起こす
U	Understand	＝ 理解を深める
M	Memory	＝ 記憶に残る
F	Fade	＝ 矛盾や葛藤を解消する
A	Action	＝ 行動を喚起する

広告業界では、誰もが学ぶ消費行動理論であり、私も20年以上前に学んだ。

この法則が開発された1920年代は、物があまりなかった時代で、認知さえされれば物が売れる可能性が高かったはずだ。だから、認知段階に力を入れ、興味を抱かせることに重点を置いたのだろう。

第5章 ターゲットの心理を読みきる設計とは？

　だが、物が溢れ「こだわり」「共感性」が重要なキーワードになった現在は、よほどの商品力かブランド力がある商品でなければ、認知だけで売るというのは難しい。ましてや、まったくの未認知の消費者を行動に移すところまで設計するレスポンス広告ならなおさらである。

　そこで、この法則を現代のレスポンス広告に当てはめるためにもう一歩踏み込んでみたのが、93頁の図の右側、AUMFA（アウムファ）である。消費者がある商品を知って購入に至るまでを、5段階で設計している。

　「Awake（感情を呼び起こす）」、「Understand（理解を深める）」、「Memory（記憶に残る）」、「Fade（矛盾や葛藤を解消する）」、「Action（行動を喚起する）」である。

　このうち、Awake、Understand、Memory、Fadeまでの4段階を「感情段階」とし、Actionを「行動段階」と区別した。

　前述のように、注意という認知の段階はすでに無意識下で確定しているので、その後の意識的な段階である感情段階に重きを置いたということである。

　AUMFA（アウムファ）は、セールスエンジニアリングデザイン（SED）のキモの部分でもある。

2 購買行動における消費者のリスクを考える

　AUMFA（アウムファ）におけるそれぞれの段階の要素について解説したのが、以下である。

Awake 感情を呼び起こす

■ アイキャッチ

- (1)ターゲットに約束
- (2)シーンを想像（未来、過去）
- (3)数字の活用
- (4)お客の声の活用
- (5)子どもを前面に
- (6)シズル感
- (7)斬新な特徴
- (8)賑やかさ、楽しさ
- (9)一番の打ち出し（業界初、業界一番、地域初、地域一番）
- (10)新しいを簡潔に（新規オープン、リニューアル、新商品発売）
- (11)ユニークさ（独自性、希少性）
- (12)ターゲットが気になるメッセージ
- (13)顧客視点の比較
- (14)こだわりを一目で

Understand 理解を深める

❶ 詳しく、わかりやすく伝える

- (1)他社にはない商品の利点
- (2)特徴をわかりやすく（チャート、グラフ）
- (3)原材料、産地の詳しい説明
- (4)こだわりのポイントを数字で
- (5)季節商品、限定商品をアピール
- (6)「ここが違う！」をアピール
- (7)新商品、人気商品、看板商品をアピール
- (8)選択肢で選びやすく（「松」「竹」「梅」方式）
- (9)人気ランキング
- (10)「悩み」「不安」「不満」を顕在化
- (11)商品製造プロセス／開店準備プロセス
- (12)サービスの流れ

❷ 安心感を伝える

- (1)社長・店長の顔・プロフィール
- (2)スタッフの顔、声
- (3)店内の様子を詳しく見せる
- (4)スタッフブログへの誘導

Memory 記憶に残る

❶ 時間の流れで表現する

- (1)会社、店の歴史
- (2)社長、店長のこだわりや生きざま
- (3)商品開発の苦労話
- (4)生産者の声
- (5)業界の歴史

❷ 広告誌面上で体験してもらう

- (1)チェックリストで試す
- (2)問題を解く

Fade 矛盾や葛藤を解消する

❶ 圧倒的な証拠を見せる
(1)取り扱い数、展示数を強調　　　　　(4)お客の声、体験談を多数掲載
(2)実績(販売数、取引数、経験年数、創業年数)　(5)お客の事例を実績として紹介
(3)お客の疑問を先に予測し、解消(Q&A)　(6)ビフォーアフターを実績として明示

❷ 保証する
(1)多くの保証　　　　　　(3)返金保証の明示
(2)保証書の明示　　　　　(4)保守、メンテナンスの詳細

❸ 権威づけをする
(1)賞状、証明書、受賞歴　(3)芸能人、著名人、業界有名人の活用　(5)マスコミ掲載記事の二次利用
(2)資格、認定証　　　　　(4)推薦

Action 行動を喚起する

❶ 今すぐ!! 購入、来店の動機づけ
(1)期間限定、数量限定表示　　(2)お試し、モニター期間中　　(3)金券、払い戻し

❷ お申し込みはとっても簡単!!
(1)手続き、お申込みの簡単さ　(2)地図をわかりやすく記載

❸ レスポンスデバイス
(1)注文、資料請求の間口を多数設置　(2)電話、フリーダイヤル、WEB検索

❹ オファーの選択
・資料請求用の小冊子、ガイドブック内容の詳細を掲載

❺ クーポン券の活用
(1)クーポン券を数種類用意　　(2)クーポン券を数枚用意

　中でも、AUMFA（アウムファ）で重要な段階として一考してほしいのが、感情段階の最後にあたる「Fade（矛盾や葛藤を解消する）」である。
　ターゲットが広告に対して注目し、感情を喚起され、理解も深め、ある程度記憶したとしても、ここで何かしらの矛盾や葛藤が生じる。

【セールスエンジニアリングデザイン（SED）】ストーリー要素

例えば、あなたが２歳の子供がいる母親、もしくは父親であると仮定して、次の広告をご覧いただきたい。

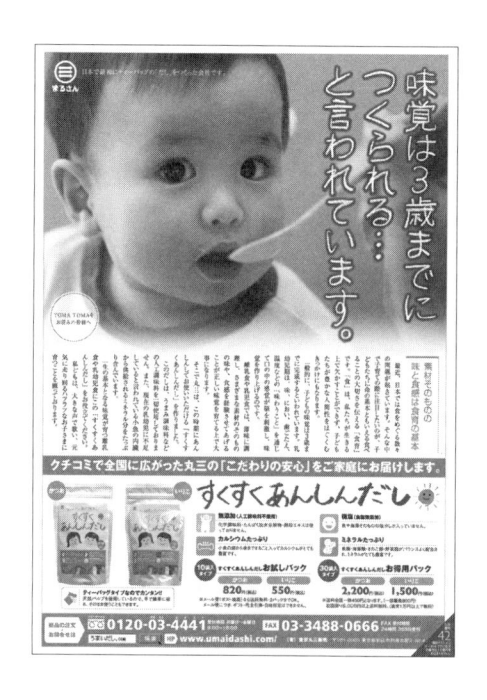

たくさんのチラシの中から、あなたは今、写真のチラシを手にしている。
「『味覚は３歳までにつくられる…と言われています』……、うちの子は２歳だけど、いったい何のことを言っているのだろう？」
あなたはそんな疑問を抱き、チラシのほかの箇所（文章、写真など）を見ていく。
商品のわかりやすい説明や商品開発の内容が記載されているので、理解がだんだん深まり、この広告に信頼を置くようになってくる。

097

「試しに買ってみようか……」と一瞬、購買意欲が頂点に近づく。だが、ここで「本当にこの商品、大丈夫なのだろうか？」と、今起こった購買意欲に対して、脳のどこかで抑えようとする考えが浮かぶ。

こうした考えが浮かぶのは当然のことだ。なぜなら、人間はできるだけリスクを避けようとするからである。

次の表をご覧いただきたい。

［購買行動における消費者のリスク］

機能的リスク	購入した製品が、購入者が期待した機能をはたさない
身体的リスク	購入した製品が、使用者や周囲の人々の健康や身体に危害を加える
金銭的リスク	購入した製品が提供する価値が、支払った価格に見合わない
社会的リスク	購入した製品が、社会的な迷惑をもたらす
心理的リスク	購入した製品が、使用者の精神・心理に悪影響を及ぼす
時間的リスク	選択の失敗などにより、他製品を探索するという機会費用が発生する

※ケビン・レーン・ケラー『戦略的ブランド・マネジメント』より抜粋

この表は、ブランド論の世界的な権威、ケビン・レーン・ケラーが著書『戦略的ブランド・マネジメント』（東急エージェンシー）で言及している、［購買行動における消費者のリスク］の指標である。

こうした消費者のリスクを解消していくことが、販売につながる大切な要素だ。このことを研究している学問であるブランド論に少し触れておきたい。

ブランド論でまず挙げられる問いは、「なぜ、商品をブランド化しなければならないのか？」ということ。その理由として、「探索コストの低減」と「リスク回避」がある。つまり、消費者はブランドを認識することで、目当ての商品を素早く探すことができるようになるということである。そして、その「目当ての商品」を決定する際に、すでに信頼が置けるとわかっているブランドの商品を選択することで、購入以前に品質についてある程度の保証が得られるのである。ブランド品を選ぶことによって、「リスク回避」をするわけである。

　本書ではレスポンス広告を扱っているので、このようなブランド論に触れるのはそぐわないように思われるかもしれないが、「リスク回避」という視点では深い関連性がある。

　前述のような消費者の「リスク回避」の知見に基づいて、レスポンス広告の誌面を設計したいところだ。

　以上のようなリスク回避の感情「本当にこの商品、大丈夫？」について、もう一歩踏み込んで具体的に考えてみると、こういうことではないだろうか。

　「本当に体にいいのだろうか？　逆に体に悪いものだったらどうしよう」「少し値段が高いようだが、本当に価格に見合った商品なのだろうか？」「臭いなどは大丈夫だろうか？」「本当に、簡単に作れるのだろうか？　思ったより複雑で時間がかかったらどうしよう」

　ターゲットの頭には、このような考えが一瞬にして、たくさんよぎるものである。なかには、どうでもいい「リスク回避」まで考えたりするものだ。

　だが、これらの「リスク回避」に対して、広告誌面上で解決できなければ、広告でうたっているメッセージとの矛盾や葛藤を解消できない。そのため、次のアクションにつながらないのである。

第5章 ターゲットの心理を読みきる設計とは?

ストーリー要素（AUMFA）

3 Awake —— 感情を呼び起こす

　では、AUMFAの各段階を一つひとつ詳しく見ていこう。

　まずは、一番最初の段階である［Awake（感情を呼び起こす）］。

　この段階では、無意識で認識される構造地図の次に目を引くもの、アイキャッチと呼ばれるものが関わってくる。

　アイキャッチは、第4章で触れたように「インパクト」と「共感性」の両方を高めるように工夫したい。

　一つひとつ事例を見ながら、アイキャッチ作成のポイントを見ていきたい。

（1）ターゲットに約束

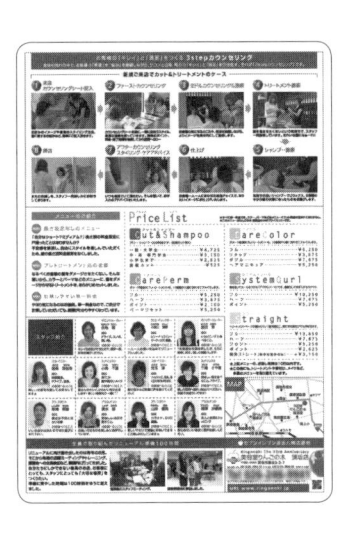

　アイキャッチに「約束」と盛り込んだ写真の例のように、広告における

100

最良のメッセージは、ターゲットに「約束」するということである。

　これらの広告は、こうした考え方をストレートに、かつシンプルに伝えている。だからといって、ただ「約束」という文字を使えばよいということではない。この約束が伝わるように真実味をビジュアルにも置き換え、トーン&マナーで伝えることが大切である。

　このようなチラシを通称、「約束チラシ」と言っているが、「約束チラシ」が及ぼす影響については、第7章で詳しく触れる。

(2) シーンを想像 (未来、過去)

　アイキャッチで「シーンを想像してもらう」ように表現するには、「未来」と「過去」の2種類のシーンを活用する。

第5章 ターゲットの心理を読みきる設計とは?

「未来」のシーンとは、写真のように商品を購入したり、サービスを受けると、自分自身がどのような状態になるのか、ターゲットが広告で想像してしまうということである。「過去」のシーンとは、「昔こんなことがあったなぁ〜」「何かなつかしいなぁ〜」などの感情を広告で引き出し、昔を思い出してもらうということである。

(3) 数字の活用

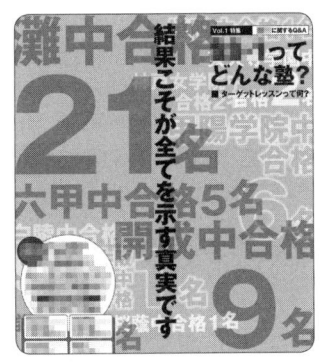

数字は目を引く要素として大きく影響する。だから、明示できるものがあれば、前面に出したい。

しかも、単に数字だけを明示するのではなく、それにまつわるビジュアルを使って工夫することが求められる。

（4）お客の声の活用

お客様から寄せられたメッセージを、そのままアイキャッチに活用するという手法。こちらも、ただ言葉を並べるのではなく、それにふさわしいビジュアルを絡めることが大切である。

（5）子どもを前面に

子どものビジュアルには、どんな人も基本的には無意識的に「共感」してしまうだろう。あとは、もともとある共感性を残しつつ、いかにインパクトを強め、好奇心をくすぐるか。これをビジュアルでうまく表現できるかにかかっている。

(6) シズル感

　食品関連や飲食店など、食べ物をビジュアルとして前面に出す広告には、思いっきりシズル感を打ち出したい。「シズル感」とは英語のsizzle（肉や揚物がジュージューいう音の擬音語）に由来する。写真でジュージューと音まで聞こえるほどのビジュアルを打ち出したい。優れたシズル感が打ち出せたら、それに勝るものはない。

【セールスエンジニアリングデザイン(SED)】ストーリー要素

(7) 斬新な特徴

　商品やサービスに斬新な特徴を打ち出せるのであれば、それに越したことはない。キャッチコピーという単なる言語化されたものだけでなく、高い共感性とインパクトを呼び起こせるビジュアルを絡める必要がある。

(8) 賑やかさ、楽しさ

イラストや写真をたくさん使用し、目いっぱい工夫してワクワク感を醸し出すことで、優れたアイキャッチのひとつにすることができる。

(9) 一番の打ち出し（業界初、業界一番、地域初、地域一番）

業界初、地域初、または地域一番であることが示せるのであれば、ぜひ実現したい。例えば、仮に狭い範囲であっても、ナンバーワンはとにかく目立つ。だから、一番になるように地域を絞ることも、広告の打ち出し方として大切な要素である。

写真の例の「○○県中部No.1」のように、「中部」の文字が入っていても問題はない。「No.1」という事実をビジュアルを活用して誠実に打ち出そう。

当たり前のことだが、いくら一番を打ち出すことが大切な要素といっても、うその「No.1」は絶対に許されない。

(10) 新しいを簡潔に（新規オープン、リニューアル、新商品発売）

店の新規オープンやリニューアルオープン、商品の新発売のタイミングであれば、これをニュースとして前面に出す手法もある。このようなタイミングは、いつもあるわけではないので、アイキャッチとしてもビジュアルと絡めて工夫したい。

(11) ユニークさ（独自性、希少性）

前述のような「No.1」を訴えられなくても、ユニークさをアイキャッ

第5章　ターゲットの心理を読みきる設計とは？

チで醸し出すことができればOKだ。このユニークさは、インパクトが強ければよいということではない。できるだけターゲットに共感してもらえるユニークさを、ビジュアルを目いっぱい工夫して醸し出したい。

(12) ターゲットが気になるメッセージ

ターゲットが潜在的に気になるメッセージが開発できたら、それに勝るものはない。煽るのではなく、「これは、自分のことを言っている」と思わず考えるようなインパクトを絡ませ、「確かにそうかもしれない」というような共感性を与えるビジュアルに工夫することによって、販売につながるアイキャッチを作りたい。

(13) 顧客視点の比較

ターゲットから見て、商品・サービスの比較をしやすいように、ひねったビジュアルにすることも重要。顧客視点で深く考えることが大切である。

(14) こだわりを一目で

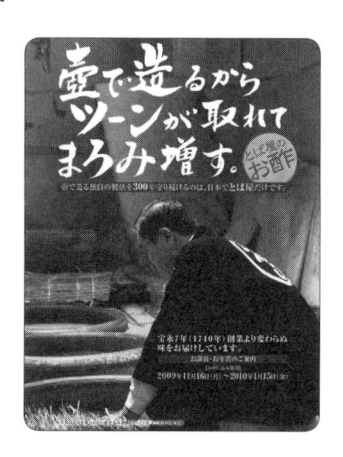

こだわりを持つ商品であれば、写真の例のように、こだわりのストー

リーを醸し出し、誠実さを伝えるビジュアルを採用したい。商品であれば開発者か職人に、サービス業であれば現場の人間に登場してもらうのがいいだろう。

> ストーリー要素（AUMFA）

4 Understand ── 理解を深める

　では、［Awake（感情を呼び起こす）］の次の段階である、［Understand（理解を深める）］について見ていきたいと思う。
　この段階では、「詳しく、わかりやすく伝える」と「安心感を伝える」の大きく2つの要素がある。

① 詳しく、わかりやすく伝える
（1）他社にはない商品の利点

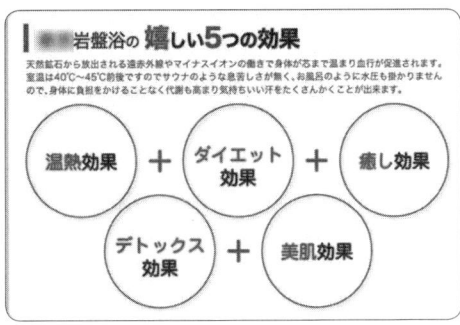

【セールスエンジニアリングデザイン（SED）】ストーリー要素

（2）特徴をわかりやすく（チャート、グラフ）

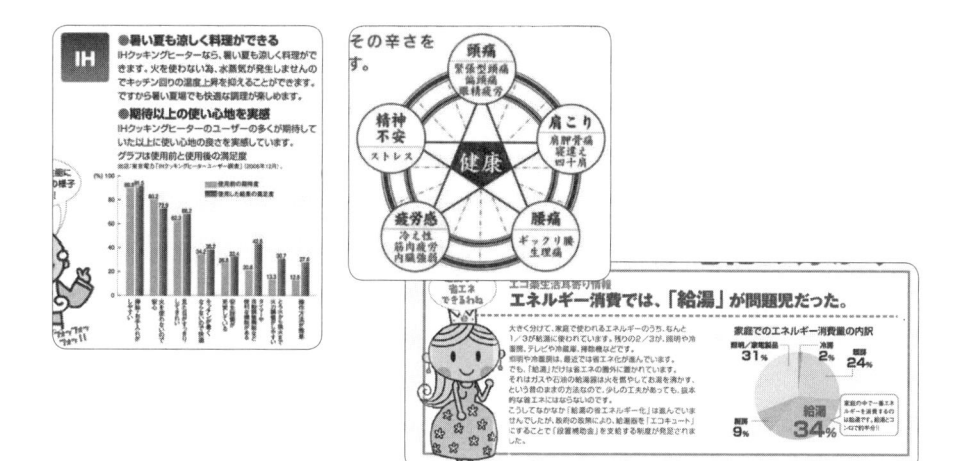

（3）原材料、産地の詳しい説明

第5章 ターゲットの心理を読みきる設計とは？

（4）こだわりのポイントを数字で

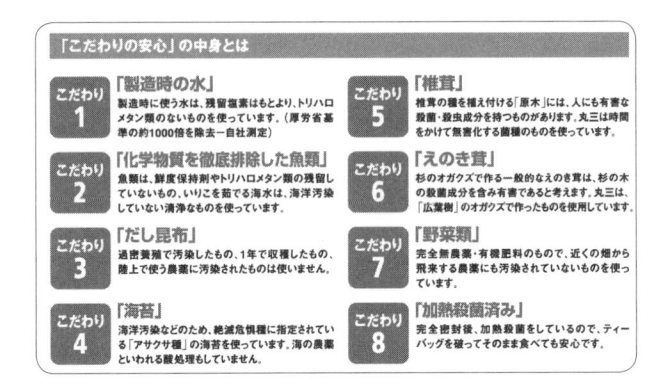

「こだわりの安心」の中身とは

こだわり1　「製造時の水」
製造時に使う水は、残留塩素はもとより、トリハロメタン類のないものを使っています。（厚労省基準の約1000倍を除去－自社測定）

こだわり2　「化学物質を徹底排除した魚類」
魚類は、鮮度保持剤やトリハロメタン類の残留していないもの、いりこを茹でる海水は、海洋汚染していない清浄なものを使っています。

こだわり3　「だし昆布」
過密養殖で汚染したもの、1年で収穫したもの、陸上で使う農薬に汚染されたものは使いません。

こだわり4　「海苔」
海洋汚染などのため、絶滅危惧種に指定されている「アサクサ種」の海苔を使っています。海の農薬といわれる酸処理もしていません。

こだわり5　「椎茸」
椎茸の種を植え付ける「原木」には、人にも有害な殺菌・殺虫成分を持つものがあります。丸三は時間をかけて無害化する菌種のものを使っています。

こだわり6　「えのき茸」
杉のオガクズで作る一般的なえのき茸は、杉の木の殺菌成分を含み有害であると考えます。丸三は「広葉樹」のオガクズで作ったものを使用しています。

こだわり7　「野菜類」
完全無農薬・有機肥料のもので、近くの畑から飛来する農薬にも汚染されていないものを使っています。

こだわり8　「加熱殺菌済み」
完全密封後、加熱殺菌をしているので、ティーバッグを破ってそのまま食べても安心です。

（5）季節商品、限定商品をアピール

【セールスエンジニアリングデザイン（SED）】ストーリー要素

（6）「ここが違う！」をアピール

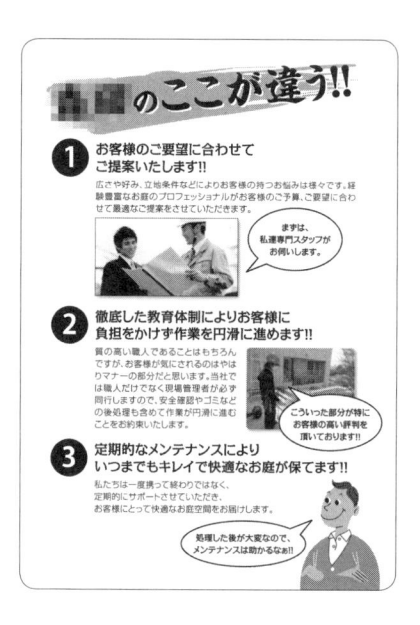

（7）新商品、人気商品、看板商品をアピール

第5章 ターゲットの心理を読みきる設計とは?

(8) 選択肢で選びやすく (「松」「竹」「梅」方式)

(9) 人気ランキング

(10)「悩み」「不安」「不満」を顕在化

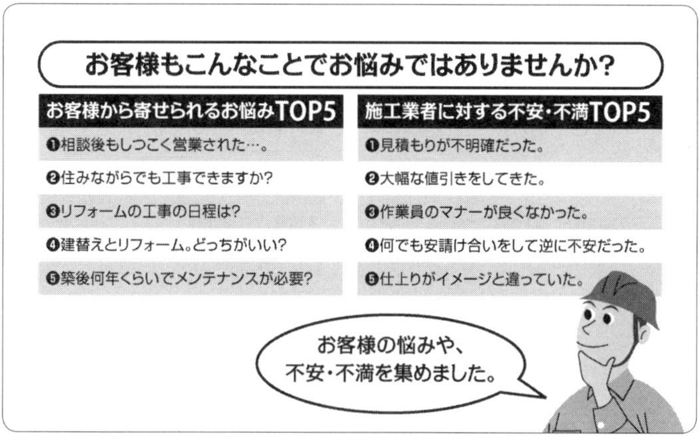

お客様もこんなことでお悩みではありませんか？

お客様から寄せられるお悩みTOP5
1. 相談後もしつこく営業された…。
2. 住みながらでも工事できますか？
3. リフォームの工事の日程は？
4. 建替えとリフォーム。どっちがいい？
5. 築後何年くらいでメンテナンスが必要？

施工業者に対する不安・不満TOP5
1. 見積もりが不明確だった。
2. 大幅な値引きをしてきた。
3. 作業員のマナーが良くなかった。
4. 何でも安請け合いをして逆に不安だった。
5. 仕上がりがイメージと違っていた。

お客様の悩みや、不安・不満を集めました。

(11) 商品製造プロセス／開店準備プロセス

ISO9001認証の商品管理とISO14001認証で整備された快適な工場です。加工機械や職人が彫刻している様子、出荷前のお墓も見学する事ができます。ぜひ一度見学にいらしてください。

- 第1工場70インチ大口径切削機
- 第2工場
- 文字彫刻機
- 流通倉庫

全員で取り組んだリニューアル準備100時間

リニューアルに向け動き出したのは昨年の9月。そこから毎週の店舗ミーティングやトレーニング、講習会への全員参加など、積極的に行ってきました。自分たちにしかできない最高のお店、お客様にとっても、スタッフにとっても「大切な場所」をつくりたい。
準備に費やした時間は100時間をゆうに超えました。

- 営業後のスタッフミーティング。
- 接客講習会に参加しました。

(12) サービスの流れ

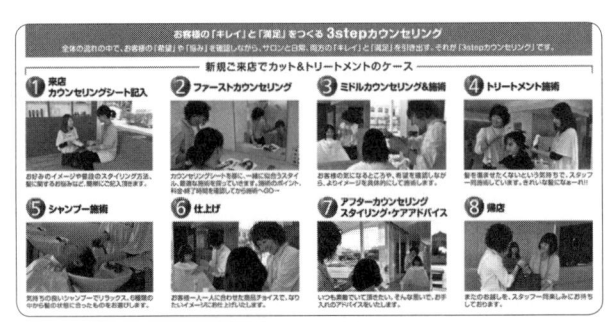

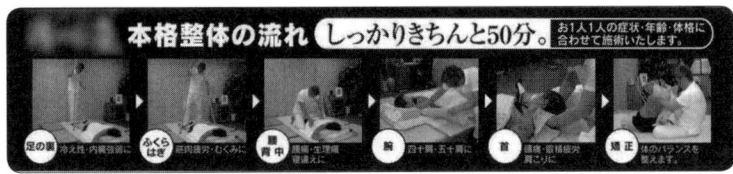

　まず、「詳しく、わかりやすく伝える」という要素では、他社にはない商品の利点や特徴を、数字、チャート、グラフなどを使って視覚的にわかりやすく説明するのがポイントである。季節商品、限定商品、新商品をアピールすることも大切なことだ。「ここが違う！」をアピールして、他社との差別化をいろいろな角度から検討していきたいところだ。

　「どの商品を選んだらよいか？」を悩んでいるターゲットは、意外に少なくない。そのための有効な手法として「松」「竹」「梅」方式がある。ターゲットに選択肢を与え選びやすくすることは、親切な行為であることを認識しておきたい。

　また、人気商品をアピールするための有効な手法として、ランキングにして見せるというのがある。例えば、［当店の人気ランキング］とうたい、写真などを使ってひと目でわかるようにしたい。お客の悩み、不安、不満

をランキングで見せることによって顕在化し、理解を深めることに貢献することもできる。

製品の製造プロセスやサービスの順序を理解しやすいように説明したい。文字だけでなく、できるだけビジュアル（イラスト、写真、チャートなど）を使って見せることが重要だ。ターゲットがよほど左脳的な人間でない限り、基本的には文字をあまり読まないことを前提に置き、ビジュアルを駆使して表現したい。

② 安心感を伝える

（１）社長・店長の顔・プロフィール

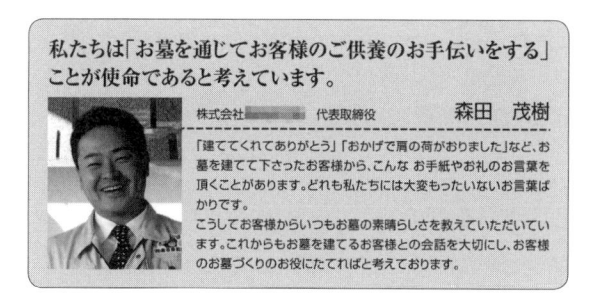

（２）スタッフの顔、声

（3）店内の様子を詳しく見せる

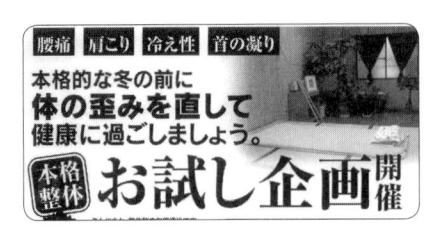

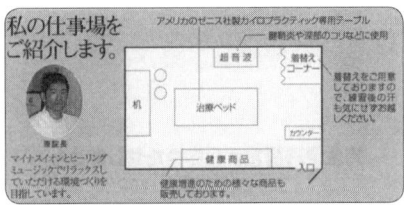

（4）スタッフブログへの誘導

　[Understand（理解を深める）]の段階には、もうひとつの大きな要素として、「安心感を伝える」というものがある。

　社長、店長を始め、社員やスタッフの顔を見せ、プロフィールをしっかりと広告に掲載することで、少しでも安心感を伝えることができるはずだ。

　また、整体院、カイロプラクティックはもとより、美容室や飲食店などのような、一度店に入ったら基本的にはお金を払ってサービスを受け終わるまで、店の外に出られないサービスの場合、ターゲットが感じるリスクは、店側が感じているものとは明らかに温度差があるように思われる。このことを謙虚に受け止め、店内の様子を詳しく見せることは、とても重要なポイントだろう。

　なかでも、整体院やカイロプラクティックなどの「痛みを伴う可能性が

ある」治療系の業種などでは、実際に入店し、治療を受けてみなければまったくわからないという「怖さ」すらあるのだ。だからこそ、その「怖さ」を少しでも和らげる必要がある。イラストやビジュアルを使って、できるだけ詳しく、かつ丁寧に見せたいところだ。

また、スタッフブログを定期的に更新しているのであれば、それを広告誌面に掲載したい。仮に、WEBに誘導できないとしても、人の気配や活発な活動の雰囲気を感じさせることは、ターゲットに安心感を伝えることに貢献するだろう。

未認知客をターゲットにしたレスポンス広告であればなおさら、この段階をおざなりにしてはならない。

> ストーリー要素（AUMFA）

5　Memory ── 記憶に残る

　［Understand（理解を深める）］の次の段階は、［Memory（記憶に残る）］。
　この段階では、「時間の流れで表現する」と「広告誌面上で体験してもらう」の大きく2つの要素がある。

① 時間の流れで表現する
（1）会社、店の歴史

第5章 ターゲットの心理を読みきる設計とは？

（2）社長、店長のこだわりや生きざま

（3）商品開発の苦労話

（4）生産者の声

(5) 業界の歴史

「時間の流れで表現する」という要素では、「なぜ？」を伝えることがポイントとなる。

「なぜ、この店をやっているのか？」「なぜ、この店を開いたのか？」「なぜ、この商品を開発したのか？」

このように「なぜ」を伝えることは、消費者の記憶に残してもらうのに、大きく貢献するはずである。

そのためには、「会社、店の歴史を語る」、「社長、店長のこだわりや生きざまを語る」、「商品開発の苦労話を載せる」、「生産者の声を入れる」といったことがあるだろう。

見せ方としては、写真に掲載したので参考にしてもらいたい。

また、商品・サービスのカテゴリー自体、業態自体の認知が低い場合は、広告の効果を上げるのに、とても苦労するだろう。

このような場合は、カイロプラクティックの事例で紹介したように、日

本では業界自体の認知が低くても、海外では歴史があるのであれば、その国での業界の歴史などを入れて、業界自体の信頼性を伝える。そうして、消費者の記憶に残しておきたいところだ。これが「業界の歴史を伝える」という手法である。

② 広告誌面上で体験してもらう

（1）チェックリストで試す

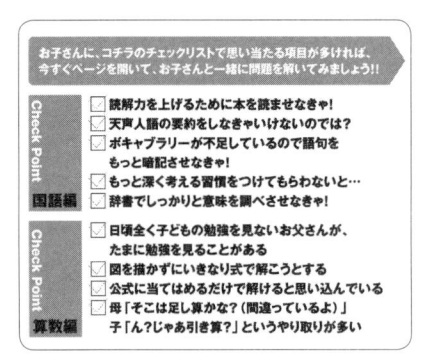

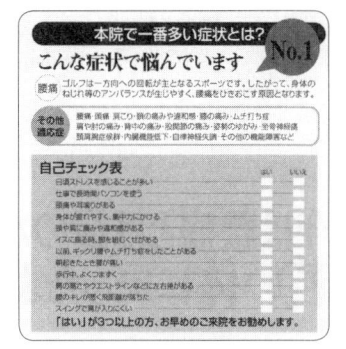

（2）問題を解く

［Memory（記憶に残る）］のもうひとつの要素として、「広告誌面上で体験してもらう」という手法もある。

比較的簡単にできるのは、写真のように、広告誌面上にチェックリストを準備してターゲットにチェックしてもらうように設計することだ。もう少し高度な見せ方としては、問題を作り、解いてもらうという流れをターゲットに体験してもらう手法がある。これは、ターゲットの記憶に残し、広告に感情移入してもらうことが目的である。

こうした手法は、悩みを解決する商品・サービスに活用すると効果的である。なぜなら、誌上体験することで、ターゲットの潜在的な悩みを顕在化できるからである。

ストーリー要素（AUMFA）

6 Fade ── 矛盾や葛藤を解消する

［Memory（記憶に残る）］の次の段階は、［Fade（矛盾や葛藤を解消する）］である。

先ほども述べたように、特に重要な感情段階でもあるので、十分に検討してほしい。

この段階では、「圧倒的な証拠を見せる」、「保証する」、「権威づけをする」という3つの要素がある。

第5章 ターゲットの心理を読みきる設計とは?

① 圧倒的な証拠を見せる

（1）取り扱い数、展示数を強調

（2）実績（販売数、取引数、経験年数、創業年数）

【セールスエンジニアリングデザイン（SED）】ストーリー要素

（3）お客の疑問を先に予測し、解消（Q&A）

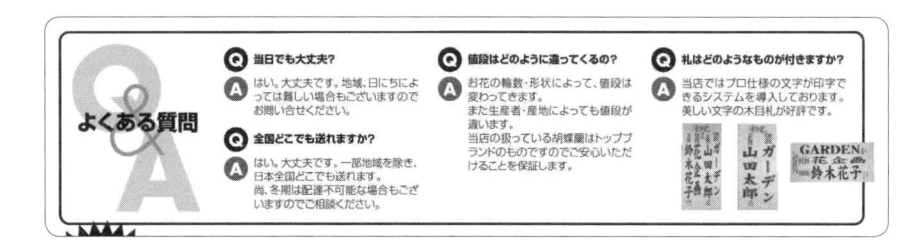

（4）お客の声、体験談を多数掲載

第5章 ターゲットの心理を読みきる設計とは?

(5) お客の事例を実績として紹介

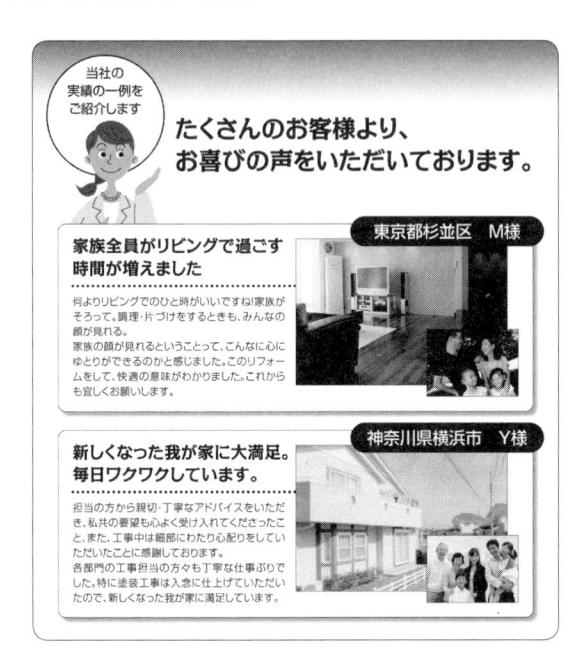

(6) ビフォーアフターを実績として明示

「圧倒的な証拠を見せる」という手法では、小売店などの場合、取り扱い数・展示数の多さに特徴があれば強調し、販売数・取引数・経験年数・創業年数などに特徴があればその実績をしっかりと載せることが、大切なポイントのひとつである。また、ターゲットの疑問を先に予測し解消する手法として、Q&Aを載せるのも有効だろう。

一方、王道の手法として「お客様の声」を掲載するというのがある。たくさん掲載できるに越したことはないが、広告の誌面にも限りがあるので、できる限り見やすく、読みやすく工夫を凝らしたいところだ。

例えば、笑顔の顔写真を載せるのはもちろんのこと、個人情報保護法に触れない程度に「○○市」や「○○町」のように、ある程度の住所を記載する。そして許可を得られるのであれば、実名を載せたいところである。

また、実績として事例やビフォーアフターを明示することは、どんな業種でも大切なことだろう。工夫し、圧倒的な証拠としての写真を提示したい。さて、前述のように広告だけでなく、Webサイトなども含めた販促ツールに活かすために、「お客様の声」を活用するのが重要なこと。だが、この「お客様の声」を集めるのに、「どのような方法で『お客様の声』をいただいたらいいのかわからない」というような悩みをよく耳にする。

大切なポイントなので、少し誌面を割いて説明しておく。見た人が「なるほど、私も購入してみよう!!」「よさそうなので、行ってみよう!!」と思わず誘われてしまうような、とっておきの「お客様の声」を、既存のお客からもらう方法を少しお伝えしよう。

まず、そもそもお願いする人が、あなたの会社（店）のファンでなければならないことが前提だが、そういう人に限って、なかなか「お客様の声」を書いてくれないケースがある。書きたくないから断るということではなく、文章を書き慣れていないから敬遠されてしまうというケースが少なく

ない。そんな時のとっておきの方法は、直接、生のインタビューを実施すればいいのだ。

インタビューの流れはそれほど難しくない。

以下の5項目を、順番に質問するといいだろう。

1．購入前はどんな悩みがあったのですか？
2．購入して解決しましたか？
（ファンの場合は、まず間違いなく「はい」となる）
3．どのように解決しましたか？
4．解決した時の気持ちは、どのようなものですか？
5．これからは、どうしますか？
（ファンの場合は、ほぼ間違いなく「引き続き購入したい‼」と言ってもらえるはず）

これらのインタビューを録音し、後で音声起こしをする。起こした文面をうまくつなげ、最後にタイトルをつければ、とっておきの「お客様の声」が出来上がる。

【セールスエンジニアリングデザイン(SED)】ストーリー要素

おかげさまで、たくさんの生徒さんのご家庭で喜ばれています。

いつもの料理でも少しの工夫で「これはいいね!」と家族に好評でした。
豊明市在住

料理は毎日作っているのですが、自己流になっていました。料理の基本をしっかり教えてもらい、毎回同じ味が出せるといいなと思い、おばんざい鼓さんの料理教室に参加させていただきました。家族にトウガンの酢の物を作ったのですが、ユズの実をちょこっと入れてみました。少しの工夫で、いつもの料理でもちょっと違う雰囲気が味わえて、「これはいいね!」と家族に好評でした。

生姜ご飯、穴子散らし寿司はとても好評でした。鼻高々です。
名古屋市在住

おばんざい鼓は味が非常にいいので、この味を家族に伝えたいと思ったことが、料理教室に参加したきっかけです。先日もここで習った料理を、嫁さんや孫夫婦にも作ってあげたのですが、とても喜ばれました。特に生姜ご飯、穴子散らし寿司などはとても好評でした。鼻高々です。これからもおばんざいの女将さんの能力をどんどん盗んで、もっとレパートリーを増やそうと思っています。

濃い味付けにしなくても、しっかりとした味の料理ができるようになりました。
名古屋市在住

おばんざいさんの料理は味が薄いのに、素材にしっかり味がしみついていたので、この料理を自分でも作れたらいいなと思い、料理教室に参加しました。これまでは料理は面倒で難しいものだと思っていたのですが、先生に教えていただいてからは、料理を作るのが本当に楽しくなりました。今では濃い味付けにしなくても、しっかりとした味の料理ができるようになり、健康にも良く、助かります。

上の事例は、インタビューを実施して編集した「お客様の声」である。

「お客様の声」はたくさん載せたいところだが、広告誌面は限られているので、ターゲットが「なるほど!!」と唸るようなものに限って載せるというように、「お客様の声」の質にも配慮したい。

第5章 ターゲットの心理を読みきる設計とは?

② 保証する
(1) 多くの保証

(2) 保証書の明示

(3) 返金保証の明示

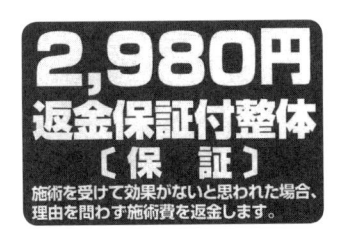

（4）保守、メンテナンスの詳細

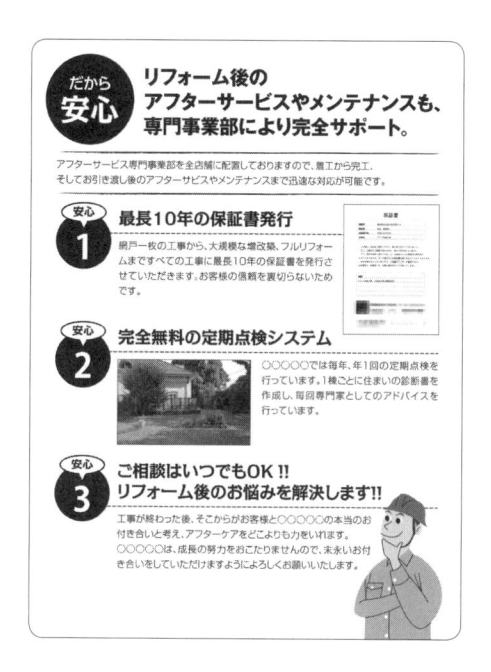

「保証する」というのも、矛盾や葛藤を解消するための有効的な手法である。

この手法も、一昔前からダイレクトマーケティング手法の王道として取り上げられていることが多いのでご存知かもしれないが、重要なことなので触れておきたい。

「保証する」という手法を少し進化させると次のようになる。写真のように「これでもか!!」というほどたくさん保証するという手法、保証書の実物を見せるという手法、そして、最もポピュラーである返金保証をつけるという手法がある。

また、保守、メンテナンスの詳細をわかりやすく明示しておくことも、

第5章 ターゲットの心理を読みきる設計とは?

売りっぱなしにしないという会社の姿勢をあらかじめ伝えておくことに意味があり、販売につなげるための広告には、大切な要素だろう。

③ 権威づけをする

(1) 賞状、証明書、受賞歴

(2) 資格、認定証

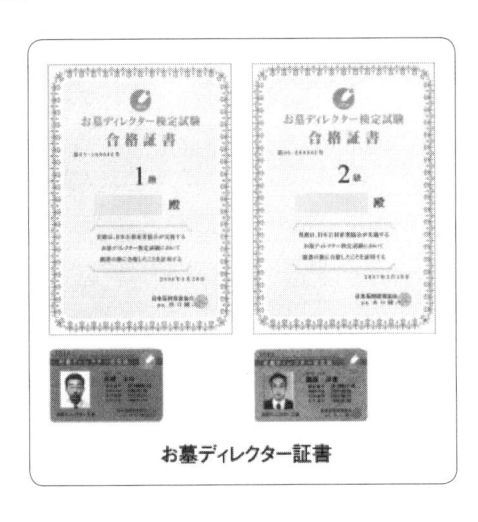

お墓ディレクター証書

【セールスエンジニアリングデザイン(SED)】ストーリー要素

(3) 芸能人、著名人、業界有名人の活用

(4) 推薦

（5）マスコミ掲載記事の二次利用

［Fade（矛盾や葛藤を解消する）］の段階で最後の要素、権威づけについて触れておきたい。

「消費者にとって、広告は広告としてしか認識できない」

どういうことかというと、広告は、「広告の発信者である広告主が作ったものである」という事実は拭うことができない。だから消費者は、基本的に広告を信用していないのである。むしろ「心理操作しているのではないか？」と思っているくらいに考えたほうが無難だ。

消費者の不信感を、少しでも解消するために必要なのが権威づけである。写真を見ながら詳しく解説したいと思う。

何かしらの資格や賞があれば、ぜひそれを載せておきたい。誌面スペー

スが許されるのであれば、受賞時の写真や賞状・証明書・認定証などの写真を掲載しておきたい。資格を保有していること、賞をもらっていることは、業界人にとって当たり前に感じられることかもしれないが、ターゲットは業界外の人だ。決して当たり前のことではなく、プロとして尊敬に値することなのである。

コンテストの受賞歴の掲載も効果的だ。それが、大きなものではない地元のちょっとしたコンテストでも活用したい。例えば、美容室は、スタイリストのコンテストが比較的頻繁に開催されている業種だが、実際に、コンテストの受賞歴を惜しげもなく広告に掲載している美容室もある。

これは大切なことなので、繰り返しておく。「コンテスト」の受賞歴も、業界人にとっては広告に掲載するまでもない当たり前のことかもしれないが、ターゲットにとってインパクトがあることを忘れてはならない。

ほかには、著名人、業界有名人を活用するという手法がある。芸能人を使えばインパクトがあるのは当然だが、人気のある芸能人はとてつもなくお金がかかる。大企業以外にはそんな予算はなく、費用に見合った見返りも期待できるとは限らない。

ここで、意外にも盲点なのが業界の有名人である。

こんな例がある。和菓子の店が「権威」として活用したのは、意外にも地元で有名なイタリア料理店のシェフだった。実際に、このシェフの声を前面に打ち出した広告によって、地元のターゲットの信頼を得ることができ、集客に大きく貢献した。このケースの場合、「業界有名人」の活用には、お金がまったくかからなかったということを付け加えておきたい。なぜならこのシェフは、この和菓子店のファンだったからだ。

押さえておきたいのは、和菓子店側がこの事実を認識し、このシェフにお願いしなかったら、効果的な広告は実現しなかったということだ。

次に、専門的な「権威」が必要であれば、医師や大学教授など専門家の権威を活用することも難しいことではない。推薦状を書いてもらえばいいのである。この場合、気をつけてほしいのは、単純に「推薦状を書いてほしい」とお願いしてもまず無理だということだ。簡単なインタビューを行ない、そのインタビュー内容をこちら側で作成する。できた推薦状にチェックを入れてもらうという流れを取ると、難なく推薦状をもらうことができる。拍子抜けするほど簡単に推薦状をもらえたというケースもあるので、ぜひ試してみてほしい。

ほかに、権威をつけるということでは、マスコミの掲載記事を二次利用するというのもある。

マスコミというと、何か大袈裟に感じるかもしれないが、全国誌などではなく、地域新聞や地域雑誌、またケーブルTVなどで十分である。つまり、第三者から何かしらの切り口で認めてもらった事実を広告に掲載できれば、今まで以上に信頼が得られるということだ。

数多くの広告作成の手伝いをしていて気づいたのだが、マスコミの掲載記事の活用は、意識しないと埋もれていることが少なくない。実際にある飲食店では、以前に新聞や書籍で紹介されていた事実を、アプローチして気づいてもらうまで、まったく忘れていたというケースがあった。

ストーリー要素（AUMFA）

7 Action ── 行動を喚起する

ストーリー要素の最後の段階、[Action（行動を喚起する）]。

今までの段階も、広告の反応を上げるためにすべて大事な要素である。だが、ここまでの段階を完璧に設計したとしても、最後の段階である

［Action（行動を喚起する）］の設計がうまくいかなかったら、すべてが無駄になるので十分に注意してほしい。

まず、気をつけてほしいことがある。ターゲットはとにかく忙しい。よほどのことがない限り、じっくり広告を見ている暇などない。だが、せっかくこの最終段階まで辿り着いたのである。ターゲットにはなんとか行動に移してほしいものだ。そのためにも、わかりにくいこと、面倒くさいことは、できるだけ排除しておかなければならない。

そこでこの段階では、「購入、来店の動機づけ」、「簡単なお申し込み方法」、「レスポンスデバイス」、「オファーの選択」、「クーポン券の活用」の5つの要素を説明しよう。

① 今すぐ!! 購入、来店の動機づけ

（1）期間限定、数量限定表示

第5章 ターゲットの心理を読みきる設計とは？

（2）お試し、モニター期間中

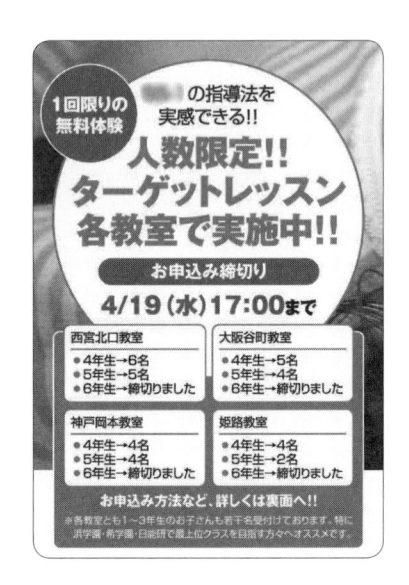

（3）金券、払い戻し

　まず「購入、来店の動機づけ」。消費者に「今すぐ!!」行動に移してもらうためには、どうしたらいいのかを考えたい。

　オファーである「お試し体験」や「モニター期間」などをいくら魅力的なものとして準備したとしても、限定感がなければまだまだ弱い。

「いつまでなのか？」「何名までなのか？」といった、期間限定や数量限定などを明示するべきである。

今すぐではなく、「後でもいいか…」と思った瞬間にターゲットは行動に移さない。「時間が経ってからターゲットが行動に移す」というケースはほとんどない、と肝に銘じておきたいところだ。

希少価値や緊急性を伝えなければ、ターゲットは最後の行動に移れないのである。

また、左記の「金券、払い戻し」の事例は、比較的客単価の高い焼肉店が来店の動機づけを強めるため、食事代の半額を金券で払い戻すというキャンペーン企画だ。リピート促進も図れる「来店の動機づけ」として応用したい手法だ。

②お申し込みはとっても簡単!!
（1）手続き、お申し込みの簡単さ

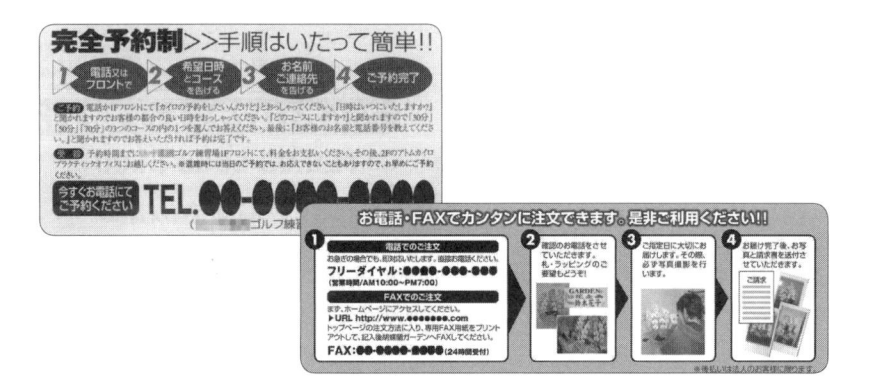

第5章 ターゲットの心理を読みきる設計とは？

（2）地図をわかりやすく記載

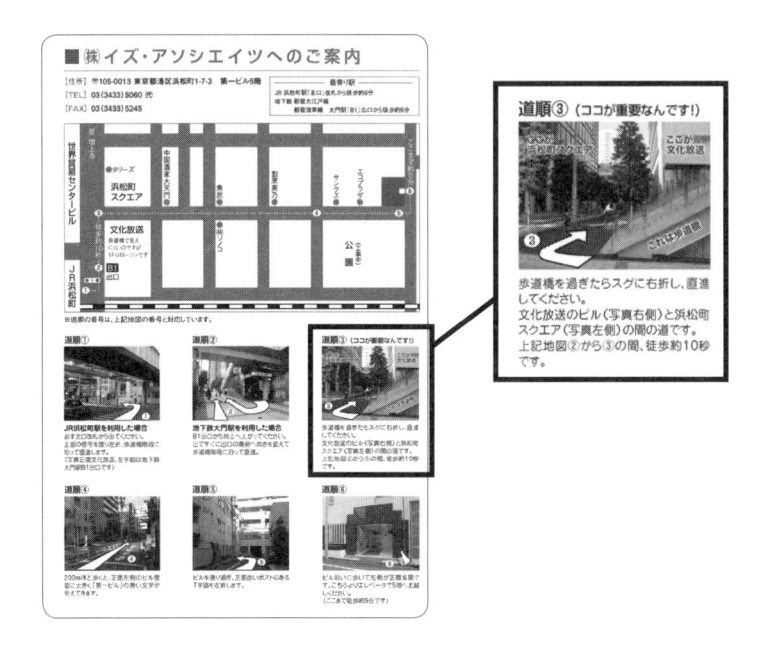

　手続きや申し込みの方法がわかりづらく難しい場合も、やはり行動に移れない要因をつくってしまう。

　そうならないためには、手続きや申し込みの簡単さを伝えることが大事である。

　「お申し込みはとっても簡単！！」。この一言を「いかに表現できるか」が勝負である。写真のように単なる文字情報だけでなく、写真やイラストを使って伝えたいところだ。

　あるカイロプラクティックオフィスが実際に活用した、予約方法を簡単に説明した文面を紹介するので、ぜひ参考にしてほしい。

> 「(ご予約)電話か１Ｆフロントにて『カイロの予約をしたいんだけど』とおっしゃってください。『日時はいつにいたしますか？』と聞かれますので、お客様の都合のよい日時をおっしゃってください。『どのコースにしますか？』と聞かれますので、『30分』『50分』『70分』の３つのコースのうちのひとつを選んでお答えください。最後に『お客様のお名前と電話番号を教えてください』と聞かれますので、お答えいただければ予約は完了です」

　いかがだろうか？　「これでもか!!」というほど、親切に予約の方法を伝えている。

　これは、決して大袈裟なことではない。実際に予約を承るスタッフはこのように対応したわけだが、来店のために予約を取ったお客は、この文面の通りに予約するケースが少なくなかった。

　サラリーマンやOLであれば、仕事・大好きな趣味、主婦であれば、家事や子育てに忙しい。だから、その他のことはじっくり考えていられないという実情を理解しておかなければならない。

　また、店舗ビジネス、イベントや展示場などへの誘導が必要な場合、地図をわかりやすく記載したい。事例は、広告誌面上に掲載したものではなく、弊社のWEBサイトからPDFファイルでダウンロードできる地図だが、迷いやすいような、わかりにくい曲がり角などを写真付きでポイント解説している。

　広告誌面にも応用してほしい表現だ。

第5章 ターゲットの心理を読みきる設計とは?

③レスポンスデバイス

(1) 注文、資料請求の間口を多数設置

(2) 電話、フリーダイヤル、WEB検索

　「レスポンスデバイス」とは、フリーダイヤルの電話やファックス番号、返信ハガキ、問い合わせ先の電子メールアドレスやURL、さらにはモバイル用のQRコードなど、広告媒体を受け取った人が申し込みや問い合わせをする手段のことである。こちらも、レスポンス広告の最後の行動である

142

反応を左右する大切な要素なので、押さえておきたい。

　結論から言うと、誌面のスペースが許す限り、できるだけ多くわかりやすく入れたいところだが、まずは、できるだけ多くのレスポンスデバイスを入れたい。

　ある学習塾が、今まで入れていなかったファックスでの資料請求のレスポンスデバイスを、ある時期から広告誌面に入れたところ、ファックスでの資料請求がかなり多くあったとのこと。これは何を意味しているかというと、広告の誌面にファックスでの資料請求のレスポンスデバイスを入れていなかった時期に、多くの見込み客を失っていたという事実だ。

　広告の反応を上げるために、「これはいらないだろう!?」というような勝手な判断によって、見込み客を何人、何十人、時にはもっと多くの見込み客を失っている可能性がある。せっかく広告費を投入しているのだから、とてももったいないことだ。

　ターゲットは、こちらが予想している以上にさまざまなケースで考え、行動しているという事実を常に認識しておきたい。

④オファーの選択

・資料請求用の小冊子、ガイドブック内容の詳細を掲載

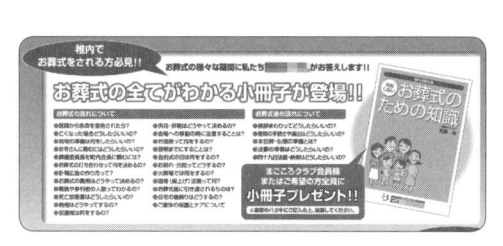

第5章　ターゲットの心理を読みきる設計とは？

　さて、次にもうひとつ大切な［Action（行動を喚起する）］の要素として、オファーの選択について見ていきたい。

　オファーとは、第2章で記載したように、レスポンス広告の新規集客における販促要素のひとつに挙げられるほど重要な要素である。資料請求用の小冊子、ガイドブック、サンプル提供など、形のあるものをはじめ、エステや学習塾といったサービス業のお試し体験など、形のないものまでさまざまである。

　ここでは、わかりやすく形のあるものに触れておく。例えば、小冊子やガイドブックなどは、できるだけ実物の写真などを使い、明確に見せたいものである。

　消費者はイメージできないものには手を出さない、と考えたほうが無難だということを認識しておきたい。

　写真を参考に、あなたも効果的なオファーを選択し、見せ方にもぜひ工夫を施してほしい。

⑤クーポン券の活用

（1）クーポン券を数種類用意

（2）クーポン券を数枚用意

さて、[Action（行動を喚起する）]の最後の要素はクーポン券である。

クーポン券専門の情報誌があるように、クーポン券は[Action（行動を喚起する）]の段階で、とても大切な要素である。

クーポン券には「数種類用意する」、「数枚用意する」の2通りがある。「数種類」と「数枚」の違いは、明らかに異なるのがおわかりかと思う。

数種類用意されたクーポン券は、宅配ピザ屋のチラシによく使われている。ターゲットに選択肢を増やすことで、効果を上げるという手法である。

数枚用意されたクーポン券は、リピートが比較的容易で、かつ知人や家族などに紹介が可能な業種に向いている手法である。例えば、飲食店などがそれに当たる。実際に、あるファミリーレストランのチェーン店でこの手法を活用したところ、リピートの増加と紹介促進の効果があり、予想をはるかに上回る来客数を獲得することができた。広告にクーポン券を1枚入れようが2枚入れようが、コストは変わらないという事実を考えると、やらない手はない。

第5章 ターゲットの心理を読みきる設計とは？

8 セールスエンジニアリングデザイン（SED）の真髄

本章では、「Awake（感情を呼び起こす）」、「Understand（理解を深める）」、「Memory（記憶に残る）」、「Fade（矛盾や葛藤を解消する）」、

Awake 感情を呼び起こす
- 広告で最も大切なのは、「ターゲットに約束すること」だ。アイキャッチには、約束できることをきちんと言語化することと、それを約束するスタッフを前面に出した

Memory 記憶に残る
- 店のこだわりを、スタッフの想いや熱意を通じて伝えている

Action 行動を喚起する

レスポンスデバイス
- 電話番号を大きく表示
- サイトのアドレスと WEB 検索を表示

オファー
- [リニューアルオープン記念チケット] として、技術料・商品 20％割引のクーポン券を2枚準備。2枚準備する理由は期間内にリピートしていただくこと、友人・知人に渡していただくためである

Understand 理解を深める

詳しさ、わかりやすさ
- 清潔感とインテリア性の高い店内の様子を写真で詳細に見せている

【セールスエンジニアリングデザイン（SED）】ストーリー要素

「Action（行動を喚起する）」のそれぞれの段階で必要な要素を見てきた。以下に全体像を見られるように、これらの段階の要素を解説したので参考にしてほしい。

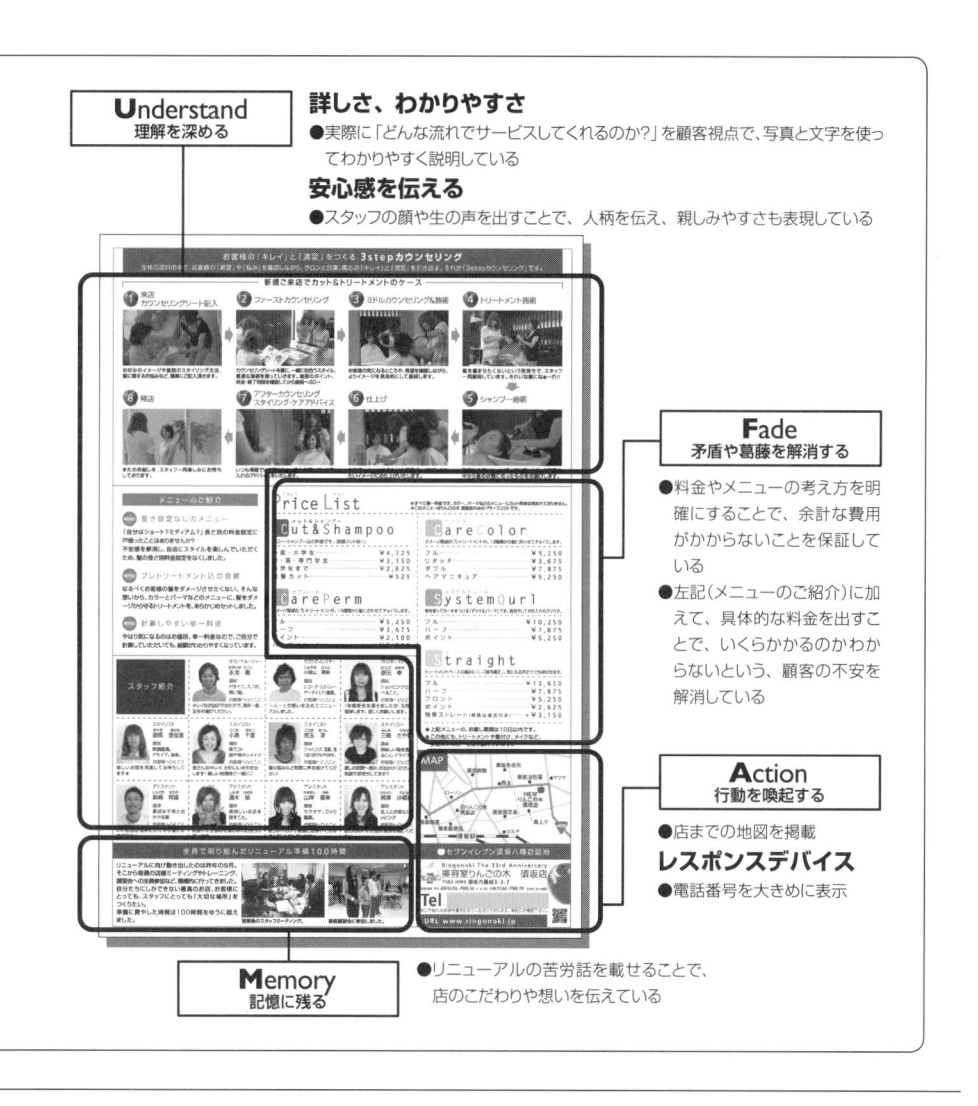

Understand　理解を深める

詳しさ、わかりやすさ
- 実際に「どんな流れでサービスしてくれるのか？」を顧客視点で、写真と文字を使ってわかりやすく説明している

安心感を伝える
- スタッフの顔や生の声を出すことで、人柄を伝え、親しみやすさも表現している

Fade　矛盾や葛藤を解消する
- 料金やメニューの考え方を明確にすることで、余計な費用がかからないことを保証している
- 左記（メニューのご紹介）に加えて、具体的な料金を出すことで、いくらかかるのかわからないという、顧客の不安を解消している

Action　行動を喚起する
- 店までの地図を掲載

レスポンスデバイス
- 電話番号を大きめに表示

Memory　記憶に残る
- リニューアルの苦労話を載せることで、店のこだわりや想いを伝えている

147

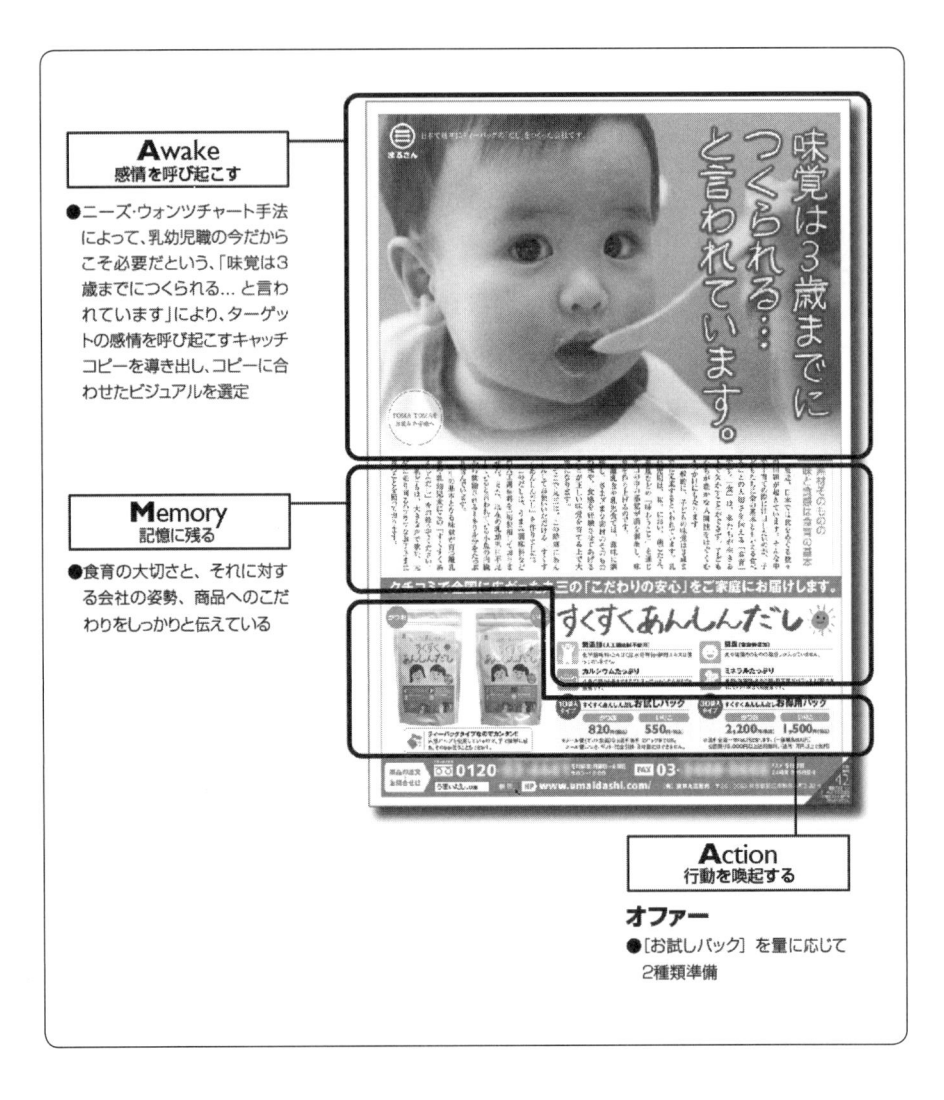

第5章 ターゲットの心理を読みきる設計とは？

Awake
感情を呼び起こす

- ニーズ・ウォンツチャート手法によって、乳幼児職の今だからこそ必要だという、「味覚は3歳までにつくられる…と言われています」により、ターゲットの感情を呼び起こすキャッチコピーを導き出し、コピーに合わせたビジュアルを選定

Memory
記憶に残る

- 食育の大切さと、それに対する会社の姿勢、商品へのこだわりをしっかりと伝えている

Action
行動を喚起する

オファー
- ［お試しパック］を量に応じて2種類準備

【セールスエンジニアリングデザイン(SED)】ストーリー要素

Memory 記憶に残る
- 商品開発へのこだわりと、会社の姿勢をメッセージとして伝えている

Understand 理解を深める
- 商品の利点、特徴として「こだわりの安心の中身」を8つにして簡潔に説明
- 成分表示を分かりやすく表にして見せる

Fade 矛盾や葛藤を解消する
- お客の声を「ご愛用者の太鼓判!」として掲載
- 雑誌や書籍のマスコミの掲載記事を二次利用する

Action 行動を喚起する レスポンスデバイス
- ハガキで「お試しパック」を簡単に選択、記入できるようにしている
- URL(WEB検索)、TEL、FAX、ハガキとあらゆるレスポンスデバイスを準備

　これらの要素は、広告の誌面上に順番に入れるというのではなく、できるだけ洩らさず入れてほしい。
　だが、現実には広告の誌面には限りがある。顧客視点に立って、より「何が必要になるのか?」を十分に検討した上で優先順位を決めていくことが大切だろう。

確実に販売につなげる
驚きのレスポンス広告作成術

第6章

アイキャッチは
どのような手順で
考えるのか？

【セールスエンジニアリングデザイン（SED）】
メッセージ開発

1 メッセージ開発のための３つのフレームワーク

　第５章では、意識的に設計する広告表現として、ストーリー要素（AUMFA）を見てきた。なかでも、「Awake」の感情を呼び起こす部分であるアイキャッチは最初に目を触れる箇所であり、広告表現において最も難しい判断を要する。第４章の「アイキャッチを判断する指標」でも触れたように、インパクトだけでなく、共感性を高められるように設計したいものである。

　このように難しいアイキャッチ。この章では、このアイキャッチを具体的にどのように考え、作り出していくのかを考えていきたい。

　まずは、しっかりと手順を踏んで考えていくことが求められる。これからお伝えする手順が絶対というわけではないが、今までレスポンス広告を手掛けてきた経験を言語化してみたので、参考にしてもらえればと思う。

　広告のメッセージを考えるにあたって、ひとつ大切なことを伝えておかなければならない。それは、一番最初に目が止まるはずの「Awake（感情を呼び起こす）」段階では、言語が浮かぶタイプと、ビジュアルが浮かぶタイプの２つがあるということだ。

　次頁の広告を見てほしい。

【セールスエンジニアリングデザイン（SED）】メッセージ開発

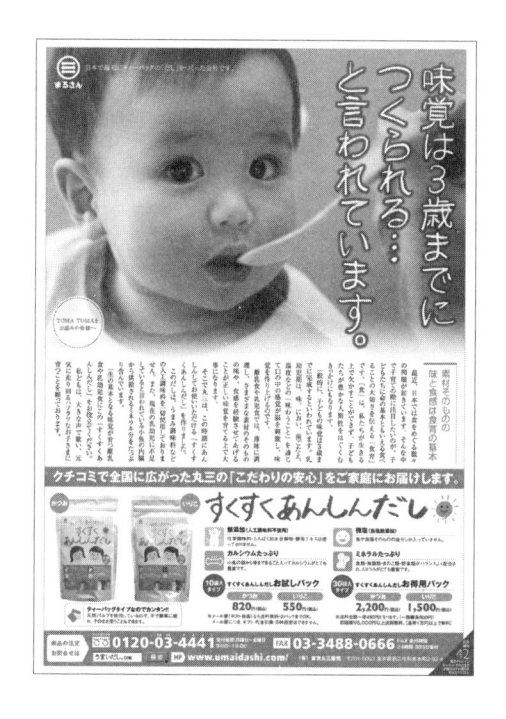

　この広告の目的は無添加の調味料（おだし）の販売促進で、オファーである「お試しパック」を購入してもらうことだ。前述の「言語とビジュアルのそれぞれどちらが先に浮かぶか？」という問いを、この広告のアイキャッチを例にするとわかりやすいかもしれない。キャッチコピーである「味覚は3歳までにつくられる…と言われています」という言語が先に浮かぶタイプと、言語より先に、このかわいらしい赤ちゃんのビジュアルが浮かぶタイプ。このような2つの思考のタイプがいるということである。

　さらには、言語が浮かびながらもビジュアルも何となく浮かぶ、ビジュアルが浮かびながらも言語も何となく浮かぶということもあり得る。

　広告を多く手がけているクリエイターは、写真やイラストなどのビジュアルについて、広告表現を思考するプロセスを繰り返し、繰り返し経験し

153

ているので、言語とビジュアルの両方がほぼ同時に浮かんでくることもあるようだ。

だが、常に販売につなげる広告表現を思考できる、いわゆるレスポンス広告を繰り返しているクリエイターは、あまり多くいないのも事実である。

いずれにしても、このような言語とビジュアルが一緒に浮かぶ領域に達するまでには、それなりに経験も必要であり時間もかかる。そこで今回は、言語化するところからはじめる手順を考えていきたいと思う。

「どのようなメッセージを作るのか？」という言語化をしていく作業を、専門的な用語で言えば「メッセージ開発」という。この「メッセージ開発」のプロセスを踏むことで、優れたキャッチコピーを生み出し、同時に販売につながるレスポンス広告を作り出せるようにしていきたい。

このような「メッセージ開発」のための型（フレームワーク）が３つあるので、これから紹介したいと思う。

> フレームワーク①
メッセージ開発の基本

まずひとつ目のフレームワークである「メッセージ開発の基本」を見ていく。

第３章の［SEDブリーフ］で、広告表現の要件定義をしたが、この中から、メッセージ開発のための要素を抽出していくことができる。

【セールスエンジニアリングデザイン(SED)】メッセージ開発

> 1．あなたの商品・サービスをほしいと思う人はどんな人か？　【SEDブリーフ④】
>
> 2．1の人はどんな悩み・課題があるのだろうか？　【SEDブリーフ⑤】
>
> 3．あなたはこれをどのように解決できるのか？　【SEDブリーフ⑦】
>
> 4．他にも同じような商品・サービスがあるのになぜ、あなたから買わなければならないのか？　【SEDブリーフ②③】

まず、この問い掛けにしっかりと答えることからはじめたい。

［SEDブリーフ］ですでに明確に答えが出ているのであれば、それを使おう。

1は［ターゲットの明確化］のことで、［SEDブリーフ］の4にあたる。2は［ターゲットのインサイト（本音）］のことで、［SEDブリーフ］の5にあたる。3は［解決策の提示、提案］のことで、［SEDブリーフ］の7にあたる。4は［競合との差別化］のことで、［SEDブリーフ］の2と3の2つにあたる。

このように［SEDブリーフ］から、メッセージ開発、なかでもキャッチコピーを作るにあたって重要なところを、［メッセージ開発の基本］の上記の4項目を考察して整理しておきたい。

第6章 アイキャッチはどのような手順で考えるのか?

> フレームワーク②
ニーズ・ウオンツチャート手法

　次に、メッセージ開発のための2つ目のフレームワーク［ニーズ・ウオンツチャート手法］を見ていく。

■ニーズ・ウオンツチャート

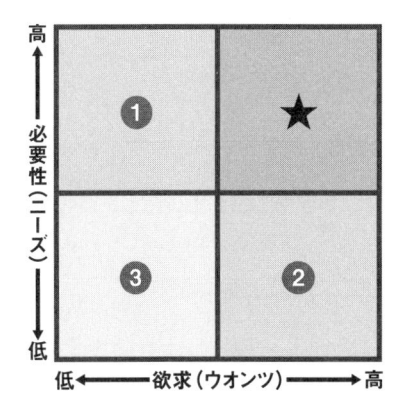

（縦軸：必要性（ニーズ）　高⇔低／横軸：欲求（ウオンツ）　低⇔高）
- 左上：❶
- 右上：★
- 左下：❸
- 右下：❷

買わない消費者の気持ちを推測する

商品・サービスが売れないのは、
消費者が★の位置ではなく、
以下❶～❸の気持ちがあるから

❶ 必要だけどほしくない
❷ ほしいけど必要ない
❸ 必要性もなければほしいとも思わない

　ニーズ・ウオンツチャートについては、マーケティングを学んでいる人であればご存知だろう。
　まず、そもそも「ニーズとウオンツはいったい何なのか?」について述べておく。
　ニーズ（Needs）とは必要性のことであり、ニーズが高いサービスでは、歯医者や整体業などがこれにあたるだろう。歯が痛くなれば、歯医者に行かなければならない。腰が痛くなったり、肩が凝ったりすれば、整体師やマッサージに行かなければならないと考える。

また、法律の改正などがある時も、それに必要な商品・サービスはニーズが高い状態になる。例えば、以前、チャイルドシートの義務化が法律で決まった時は、この商品のニーズが高い状態になった。また、地上デジタル放送への移行は、今までのアナログ放送が使えなくなるので、地デジ対応のテレビを購入しなければテレビ自体が見られなくなってしまう。これも、ニーズが極めて高い状態である。
　このように「○○しなければならない!!」というターゲットの心理状態が、ニーズが高い位置にあるということである。
　一方、ウオンツ（Wants）とは欲求のことであり、「○○したい!!」「○○がほしい!!」というターゲットの心理状態が、ウオンツが高いと言える。
　このウオンツが極めて高い商品の例を挙げると、ダイヤモンドがこれにあたるだろう。
　少し専門的な用語を使うが、機能的価値と情緒的価値でとらえると、ダイヤモンドは極めて機能的価値が低く、情緒的価値が高い。
　ダイヤモンド関係者に怒られてしまうかもしれないが、極端に言えば、ダイヤモンドはまぎれもなく「石」であり、「光る石ころ」にすぎない。もし、ダイヤモンドを何の戦略もなく販売しようとしたら、ニーズもウオンツもない③の位置に属するカテゴリーだろう。
　この「光る石ころ」を、どのように★印に到達させていったかを小池玲子氏が著書『ある女性広告人の告白』（日経広告研究所）に著者自身の体験として書いている。要約して紹介したいと思う。
　1986年世界のダイヤモンド市場で独占的だったデビアス社が日本でのダイヤモンドの市場開拓のためとった戦略が、ダイヤモンド＝愛のポジショニングであった。『ダイヤモンドは永遠の輝き』＝ダイヤモンドは永遠の愛の証、のメッセージをくり返し消費者に伝えることにより、ただの石こ

第6章 アイキャッチはどのような手順で考えるのか？

ろを情緒的価値、究極の愛の象徴とした。そしてさらにこのメッセージをあらゆるケースにおいて市場に投げかけることにより、ウォンツを高めていった。

『婚約指輪は給料の3カ月分』このメッセージを聞かれた方は多いと思う。デビアスがなぜ3カ月としたか、それは日本人に伝わりやすいように当時の日本の習慣、結納金の額からとったものだ。デビアスはこのメッセージを広げるため、さまざまな手段をとった。そして数年後、郷ひろみが二谷友里恵と婚約発表した時、エンゲージリングの値段を記者に聞かれて、『給料の3カ月分かなー』と照れながら答えたことから一般に広まり、『婚約指輪は給料の3カ月分』が一般常識として定着していった。

今までウォンツしかなかったダイヤモンドという情緒的価値の塊を、一般常識化によって、ニーズまで高めることができた象徴的な例かもしれない。

さて、このようなニーズとウォンツを意識しながら、[ニーズ・ウオンツチャート手法]を使って、買わない理由、**いわゆる買わないターゲットの気持ちをまず推測**してみよう。

商品・サービスが売れないのは、①必要だけどほしくない、②ほしいけど必要ない、③必要性もなければほしいとも思わないという位置にターゲットの心理状態があるからである。

ほとんどの商品・サービスは、①または②の位置であるといっても過言ではない。もし、③の位置であるようならば、その商品・サービスは残念ながらあきらめたほうがいいだろう。なぜなら、その位置からターゲットが購買行動に起こすための施策を試みることは、かなりの労力とコストがかかるからだ（ダイヤモンドを取り仕切っていたデビアスほどの戦略をと

る覚悟があれば話は別だが……)。

　逆にニーズとウオンツの両方が高く、そのメッセージがしっかりと消費者に伝わっていれば、その商品・サービスは必ず売れると言っても過言ではない。

　さて、もうひとつの見方として、同じカテゴリーの商品やサービスの場合でも、必ずしも①、②のどちらかに位置するとは限らないということをお伝えしておく。

　ヘアケア商品であるシャンプー、リンス、トリートメントなど、いわゆるコモディティ商品（日用品）の場合であっても、商品の特徴によって、①か②のどちらかに必ずなるとは限らないのである。

　例えば、ヘアケア商品に対してニーズしか感じないターゲットにとっては①の位置にあり、値段もしくは今まで使っていたのがなくなり、「買わなくてはならない」という心理状態になって購買行動に移る。

　ヘアケア商品の中でも、何かしらこだわりがあり、ある程度高額商品の場合は②の位置にあることが考えられ、ターゲットにとってはほしいとは思っているが、今は必要ないと思っている。

　②の位置にあるターゲットの心理は「ほしいけど今はいらない」。この「今は」というのが曲者だ。つまり、差し迫った必要性がないから購買行動に移らないのだ。この心理状態に対して、どのようなメッセージを送ったら、「今、ほしい‼」という心の動きになるのかを考えたい。

　前述の問題を考えるにあたって、ニーズとウオンツに関するターゲットの心理状態を寿司屋を例に挙げてみる。

　特に、出前が売上シェアの多くを占める寿司屋の場合、自宅や会社で行事の需要の多い人がターゲットとなる。この人たちの心理は、②の位置に

第6章　アイキャッチはどのような手順で考えるのか？

いるように思えるが、実は①の位置にいる場合が少なくない。

1000店舗以上の飲食店や美容室などに、顧客管理ソフトの導入を支援してきた高田靖久氏の著書『お客様を3週間でザクザク集める方法』（中経出版）からご提供いただいた、ある寿司屋における年間の月別売上のグラフを見てみよう。

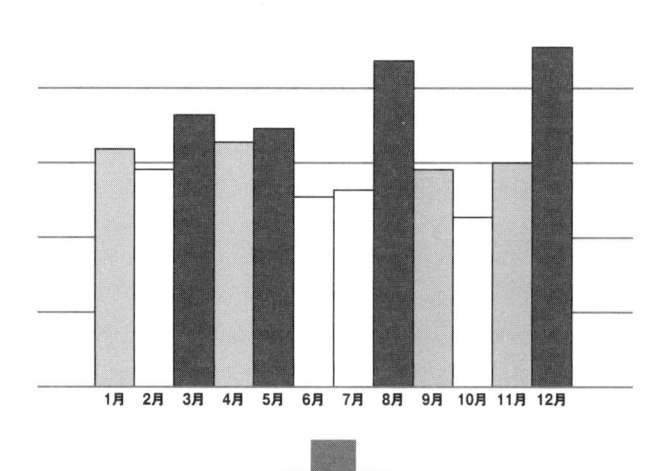

（棒グラフ：1月〜12月の月別売上）

↓

「売上の高い順番」に並べ替えてみる

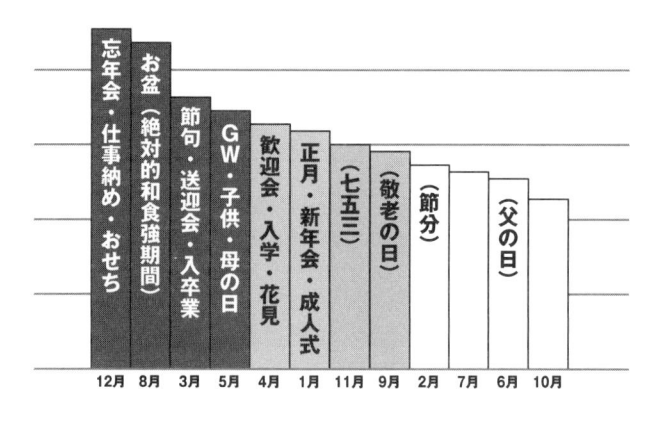

12月	忘年会・仕事納め・おせち
8月	お盆（絶対的和食強期間）
3月	節句・送迎会・入卒業
5月	GW・子供・母の日
4月	歓迎会・入学・花見
1月	正月・新年会・成人式
11月	（七五三）
9月	（敬老の日）
2月	（節分）
7月	（父の日）
6月	
10月	

この資料のように、12月は忘年会・仕事納め・おせちの需要で忙しく売上げが高い。次いで8月はお盆の需要、そして3月は節句・送迎会・卒業式の需要で忙しく売上げも高い。

　このような売上げが高い月には、行事が多いことがわかる。行事は、「しなければいけない」という儀式であり、ターゲットにとってウオンツではなくニーズが高い心理状態にある。

　すべての寿司屋がこれに当てはまるわけではないが、行事の需要が比較的多い飲食店は、①の位置にいることが少なくない。このことを考慮した上で、ウオンツを高めるメッセージを考えることによって、より反応を高める広告を作ることが可能になるだろう。

　もし、この寿司屋がもっとお客を増やしたいのであれば、あえて行事の多い忙しい月に、つまりニーズの高いタイミングに、ウオンツを高めた広告を打ち、全体を底上げしなければならないだろう。

　では、あなたが広告をするべき商品・サービスはどの位置にいるだろうか？

　ニーズ・ウオンツチャートの★の位置であれば、すでに困っていないだろうからこの本を読んでいないはずだ。おそらく、①か②であろうと推測する。③ではないことを願いたい。

　ターゲットの心理状態の位置が決まったら、次に「どのように口説かれたら、ターゲットは『買いたい』と思ってくれるだろうか」を考えてみたい。

　まずは、両方のターゲットに語りかけるのではなく、どちらか一方に集中することが大切である。①の位置にある場合は、「いかにウオンツを高めるメッセージを考えるか」、②の位置にある場合は、「いかにニーズを高めるメッセージを考えるか」ということになる。

第6章 アイキャッチはどのような手順で考えるのか?

　では、①、②それぞれの心理状態に位置しているターゲットに対して、「どのようなメッセージを送るのか」という思考プロセスを踏まえた事例を紹介しよう。

フレームワーク②
[ニーズ・ウオンツチャート手法] CASE STUDY

　まず、ターゲットの心理状態が①の位置にあるサービスを、どのように[ニーズ・ウオンツチャート手法]を使って「反応を高める広告を作っていったのか」を考えていく。

　このサービスの事例として、本書で何度か紹介しているカイロプラクティックが、どのような思考プロセスを経てきたのかを見ていきたいと思う。

このカイロプラクティックでは、ニーズは高いがウオンツは低いという、①の心理状態のターゲットに絞り、その気持ちを推測してみた。
この心理状態にあるターゲットの気持ちとは、「<u>今度のゴルフコンペまでに腰痛を治す必要があるのだけれども、カイロプラクティックは初めてなので、駅前の接骨院にでも行こうかな</u>」というような本音を持っている人がいる（実際に、このような声をもらっていた）。では、このターゲットに対して、「どのようなメッセージを投げかけるか」に対する答えが、「<u>院長が国際基準の専門教育を4年間、4208時間受講しているので、安心して来院してくださいね</u>」であり、これを一言で表したのが「**4208時間の証し**」となる。

次に、②の心理状態にあるターゲット向けの商品を、どのように［ニーズ・ウオンツチャート手法］を使って、「反応を高める広告を作っていったのか」を見ていく。
ウオンツは高いがニーズは低い位置の場合、先ほども触れたように、「ほしいけど、今はいいかな……」と、ターゲットが感じている場合が多い。このケースでは「ターゲットにどのように必要性を感じてもらうか」、しかも「今、必要だ‼」と感じてもらうこと、いわゆる緊急性や希少性などをターゲットに感じてもらうことがポイントである。ただし、できるだけ煽らないメッセージで実現したい。
では、「どのように考えていったのか」を見ていく。
幼児向け無添加の調味料「おだし」の実際に使ったレスポンス広告で、制作する際に経てきた思考プロセスを紹介する。

第6章 アイキャッチはどのような手順で考えるのか？

　まず、ウオンツは高いがニーズは低いという、②の位置の心理状態であるターゲットはどのような気持ちを抱いているのだろうかを推測してみた。
　その気持ちとは、「新しい商品のようね。子供の食育のこともあるしほしいわ。でも、今使っているおだしも まだ残っているし、ちょっと高めだから手が出しにくいわね」。このように、ほしいと思っているが今は必要ではないという本音を持っているターゲットに、次のように語りかけてみる。「このだしは、人工調味料を一切使用しておりません。また、現在の乳幼児に不足していると言われている、小魚の内臓から供給されるミネラル分をたっぷり含んでいます。そして、何よりも 一生の基本となる味覚が育つ離乳食は乳幼児食の今だからこそ、必要ではないでしょうか？」。これを一言で表したのが「味覚は３歳までにつくられる…と言われています」となる。

ターゲットである0〜3歳の子供を持つ母親にとっては、なかなかしびれるメッセージではないだろうか。

［ニーズ・ウオンツチャート手法］というフレームワーク、いかがだっただろうか。

このように、まずニーズとウオンツのどちらかが高いターゲットに絞り、買わない気持ちを考え、「どのように口説かれたら、このターゲットは『買いたい』と思ってくれるのか」を想像してみてほしい。

この手法を活用して、ターゲットの感情を喚起できるキャッチコピーを作りたいところだ。

フレームワーク③
ラダリング手法

次に、メッセージ開発のための3つ目のフレームワーク、［ラダリング手法］を見ていきたいと思う。

ラダリングとは、商品の持つ属性が、「消費者のどのような価値観につながり、評価されて購買に結びついたのか」を明らかにすることを目的としていて、商品を選んだ潜在的理由を把握するための調査手法である。

かいつまんで言うと、ラダリングとはラダー（ladder）のing形で、ラダーとははしごのこと。はしごを上っていくのでラダリングとも呼ばれている。

この［ラダリング手法］を、ターゲットにしっかりと届くメッセージ開発を考える際に活用したい。できるだけ簡単に考えるために、下から「属性」、「ベネフィット」、「バリュー」の3つの段階に分けた。

[ラダリング]とは？
あなたの商品・サービスを一番下の属性から検討し、
「ありがたみ」のはしごを上っていくこと……。

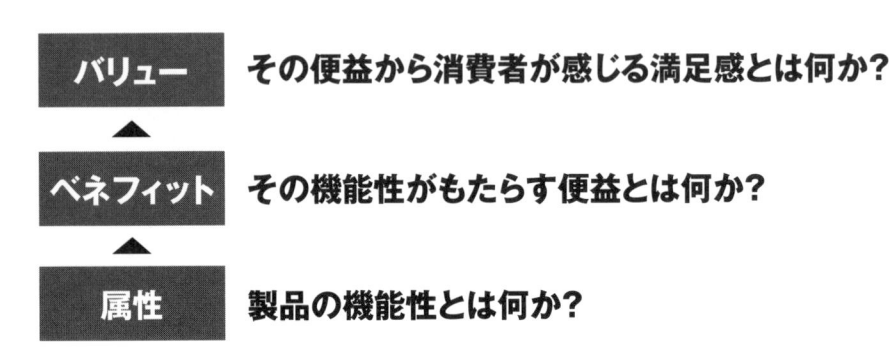

バリュー	その便益から消費者が感じる満足感とは何か？
ベネフィット	その機能性がもたらす便益とは何か？
属性	製品の機能性とは何か？

　上図のように、広告するべきあなたの商品・サービスを一番下の属性から検討し、「ありがたみ」のはしごを上っていくという手法だ。
　まず、一番下の属性から考えてみたい。このステージでは、「製品の機能性とは何か」を明確にする。機能性が明確になったら、ひとつ上のステージ、ベネフィット（便益）のステージにはしごで上がろう。
　ベネフィット（便益）のステージでは、下のステージで明確になった機能性がもたらす「便益とは何か？」を明確にしていく。ベネフィット（便益）が明確になったら、ひとつ上のステージ、一番上のバリュー（価値）のステージにはしごで上がろう。
　バリュー（価値）のステージでは、すぐ下のステージで明確になったベネフィット（便益）からターゲットが感じる「満足感とは何か？」を明確にしていく。
　このような3つのステージを、下から上へとひとつずつ明確にしながら上っていく作業が［ラダリング手法］である。

【セールスエンジニアリングデザイン(SED)】メッセージ開発

実際に［ラダリング手法］のプロセスを経て、メッセージ開発、キャッチコピーを作り上げ、高い反応を得ることができた広告として、商品、サービスのそれぞれの事例をひとつずつ見ていきたいと思う。

フレームワーク③
［ラダリング手法］ CASE STUDY

では、まず商品の事例として、調味料（おだし）の広告から見ていこう。

先ほど、［ニーズ・ウオンツ手法］で紹介した「おだし」と同じ会社の商品である。先ほどは無添加の新商品だったが、ここで紹介する事例は無添加ではないが、40年以上前から販売しているティーバッグの「おだし」だ。

まず一番下の属性、機能性から見ていこう。「産地・鮮度吟味の魚介類と海藻類を使用した厳選だしです。ティーバッグ方式で簡単、しかもリーズナブル」。次に、この機能性がもたらすベネフィット（便益）とは何か。それは、「料亭の味、プロの味なので、味には自身があります」。さらに、この便益から消費者が感じるバリュー（価値）、いわゆる満足感とは何かを考えた結果が、「まるさんの「だし」にしたら　おかわりが増えました」ということになる。

次に、サービスでの事例、美容室のパーソナルコーディネートを見ていこう。

まず一番下の属性、機能性は、「『ナチュラル』、『キュート』、『クール』、『エレガント』のタイプのパーソナル診断を提供しています」。次に、この機能性がもたらすベネフィット（便益）とは何か。それは、「夏の紫外線で髪が痛んでいる時だからこそ、秋に向けてスタイル＆カラーを変え、イメージアップにチャレンジしてみませんか？　あなたのタイプに合わせて４つのカラーイメージを準備しています」さらに、この便益から消費者が感じるバリュー（価値）、いわゆる満足感とは何かを考えた結果が、「第一印象をもっと『キレイ』に」ということになる。

このような商品、サービスの２つの事例のように、ターゲットの感情を喚起する可能性の高いキャッチコピーには、この３段階の中では、やはり一番上のバリュー（価値）となる。

なぜなら、これらのステージの中で、最も顧客視点、消費者視点に立っているからである。

だが、もうひとつ押さえておきたいことがある。それは、商品・サービスによっては、属性、機能性をキャッチコピーに持ってきても反応を高められるケースがあるということだ。

例えば、化粧品やサプリメントがこれにあたる。コラーゲンやコエンザイムQ10などのように、その時々のトレンドや流行となっている物質などは、これらが「どれくらい入っている」というようなメッセージによって広告の効果を上げることもできる。だが、このようなキャッチコピーを選択した広告は、最初の反応がよくても、競合商品などが出てきてしまうとあっという間に効果が落ちるケースが少なくない。時期やタイミングによって反応が左右されるので、注意が必要だ。

最後に、真ん中のベネフィット。このステージをキャッチコピーにして

しまうケースは避けたい。先ほどの2つの事例を見てもわかる。おだしの場合は「料亭の味、プロの味」。美容室の場合では「イメージアップにチャレンジしてみませんか？」「あなたのタイプに合わせた4つのカラーイメージを準備」になる。いかがだろうか？　このようなベネフィットのステージから作ったキャッチコピーをよく見かけないだろうか？

今から30年、いや40～50年前の物が不足していた時代の広告ならまだしも、少なくとも今の時代では、このようなベネフィットを前面に出したキャッチコピーの広告では、ターゲットの感情を喚起することは難しい。普通すぎるし、顧客視点ではなく企業側の目線で作られているからだ。

だが、世の中の広告をよくよく見てみると、このパターンのキャッチコピーが多いようだ。それなら［ラダリング手法］をしっかりと押さえられれば、われわれにも十分にチャンスがある。

2 メッセージをとりまとめる

さて、ここまでキャッチコピーを考えるプロセスとして、3つのフレームワークを見てきた。

```
フレームワーク①　メッセージ開発の基本
フレームワーク②　ニーズ・ウオンツチャート手法
フレームワーク③　ラダリング手法
```

まずは、一つひとつじっくりとプロセスを踏んでもらいたい。これら3つのフレームワークは、すべて顧客視点でのメッセージを開発できるような流れになっている。

インパクトと共感性が高いアイキャッチにつながるように、キャッチコピーとそれを解説するリード文をしっかりと生み出してほしい。

さて、ここまでアイキャッチを作るための最初のきっかけをメッセージ開発として、まずキャッチコピーを中心に考えてきたわけだが、このキャッチコピーからアイキャッチを生み出していく手順を詳しく解説していこう。

3 アイキャッチを作る手順

アイキャッチを作るには、次のような9つのステップがある。

①まずは、キャッチコピー案をとにかくたくさん出す

先ほど紹介した「キャッチコピーを作るための3つのフレームワーク」で検討していくわけだが、これらの思考プロセスを実践して生み出されてくるキーワードは、ひとつや2つではないはずだ。というより、ひとつや2つで終わらせてほしくない。

キャッチコピーと、それに絡められるアイキャッチで、まず最初に広告が見られるかどうか、すなわち「チラシが捨てられずに、ターゲットが手に取ってくれる」という最初の運命を決めると言っても過言ではない。

だから、これら3つのフレームワークを使って、たくさんキャッチコピー案を出してほしい。

私の経験上から言えば、**優れた広告を作れる人ほど、この段階でたくさんのアイデアを出す**。その数は、5個や10個ではない。できれば50個、いや100個出しても出しすぎではない。

このように、3つのフレームワークを順番に考えていったとしても、キャッチコピーの案を数多く出すことは、とても苦しいことである。この手助けをしてくれるのが、同業種をはじめ、他の業種の広告をたくさん見ることだ。そして、お客様にも徹底的に聞いてみることである。

②たくさんのキャッチコピーをカテゴリーに分ける

キャッチコピーを作る手法である3つのフレームワーク自体、顧客視点を重視したものだが、本当の顧客視点を知りたければ、やはりターゲットに

聞いてみることである。そのためには、このステップ以降でも必要になることだが、ターゲットに近い層にキャッチコピーの段階から聞いてみたい。

　ある程度形になってから変更するとなると労力がかかるし、広告を作る側は、一度進めたものは、できるだけ変えたくないものだ。だから、このキャッチコピーの段階からターゲット層に聞くためには、ある程度、キャッチコピーをカテゴリーに分ける必要がある。なぜなら、50個あるいは100個のコピー案ができたとして、それらすべてをランダムにターゲット層に聞くことは、たとえ身近な人であったとしても非効率だし現実的ではない。だから、ある程度カテゴリーに分けて、傾向をつかむ必要がある。

　例えば、美容室が新店舗オープン時の広告を作るケースを考えてみよう。下図のようにいくつかのバージョンが考えられると思う。

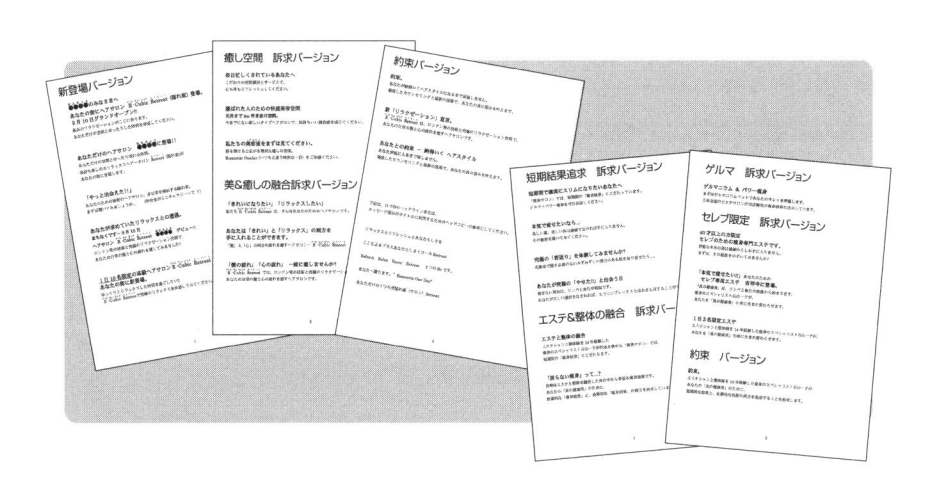

③身近な人でも最低5人に意見を求め、聞き入る

それぞれのカテゴリーに束ねた上で、まずは聞きやすい身近なターゲット層の人（スタッフ、家族、知人、あるいはごく親しいお客の場合もあるかもしれない）、5名程度に聞いてみよう。次のようなシンプルな質問で、

「あなたが、このキャッチコピーの中から思わず行きたくなるのはどれですか？」

「それは、なぜですか？」

このたった2つの質問でOKだ。

このときのポイントは、ポジティブな意見ではなく、ネガティブな意見ほど大事にすることである。たまに、聞き捨てならないようなネガティブな意見が出てくることもある。私にも経験があるが、「これはあり得ないでしょう!!」というような意見だ。思わず、「何を言っているんだ!!」と怒りたくなるのも無理はない。だが、我慢して聞いてほしい。怒ってしまったらすべてが台無しになる。せっかく答えてくれているのに、聞き手が怒っているような態度を見せたら、このターゲット層の人たちはもう二度と本音を言ってくれなくなる。とにかく、我慢して聞いてほしい。

そうすれば、この段階でも本音を言ってくれる。「このコピー、ちょっと気になるわ……」などというように。

④キャッチコピーを3〜5案程度に絞る

この段階で得た情報から、キャッチコピーを3〜5案程度に絞る。

絞り方は、ある程度多くの人の心の琴線に触れたと思われるコピーを残すことはもちろんのこと、ほかの人にネガティブな意見があったコピーであっても、1人に対して強烈に刺さるコピーなら残すようにしたい。

⑤キャッチコピーとぴったり合うビジュアルを探す

このステップから、ビジュアルの選択に入る。

④のステップで、3〜5案程度に絞ったキャッチコピーとピッタリ合う、またはしっくりとくるビジュアルを考えよう。

このキャッチコピーと合ったビジュアルを、すでに写真などに収めて持っているのであれば、それに越したことはない。それを使おう。

ほとんどの場合、ビジュアルを持っていないと思われるが、キャッチコピーとぴったり合うビジュアルを探すには、2つしか方法がない。

1．新しく撮影する
2．写真やイラストなどの素材を探す

次のステップで、もう一度ターゲット層に聞くタイミングがあるので、この段階ではあまりコストをかけないようにしたい。

ビジュアルを探し出せるWebサイトを巻末で紹介しているので参考にして、まずは粗いデータをダウンロードして使いたい。そうすれば、この段階ではコストはかからない。新しく撮影する場合も、その構図に近いビジュアルを見つけ出すことはできるはずだ。少しでもイメージに近いものを探し出したい。

⑥アイキャッチを2〜3案程度に絞る

ここで選択したビジュアルがアイキャッチとなる。キャッチコピーも絡め、第5章で見てきたストーリー要素AUMFAも含めて、一度ラフ案を作ってみよう。

第5章で述べたように、ストーリー要素AUMFAについては、優先順位で要素を採用していけばいいが、アイキャッチについてはとても繊細で難しい要素だから、この段階で2、3程度の案を作ってみたい。自身で手書きをす

ることやスタッフに手伝ってもらうことは、とてもいいことだ。広告屋、印刷屋、デザイナーなどの協力会社やブレーンに依頼するのもいいだろう。

　この段階で、アイキャッチだけが違う２、３のラフ案ができるはずだ。

　さて、ここから先が重要である。

⑦再度、身近な人に意見を求め、聞き入る

　これを、先ほどのステップ③で実施してきたように、もう一度、身近な人最低５人に意見を求める。

　聞く人は、ステップ③と同じ人でもいいし、違う人でもいい。意見の求め方は、ステップ③と同じ要領で２つのシンプルな質問だ。

「あなたが、この広告の中から思わず行きたくなるのはどれですか？」

「それは、なぜですか？」

　やはりステップ③と同じように、ポジティブな意見ではなく、ネガティブな意見も大事にしたい。そして、ここでもやはり我慢して聞いてほしい。特に、この段階では、先ほどのステップ③よりも、我慢することがさらに難しいので注意したい。

　というのも、ここまでのステップを踏んでいるということは、すでに労力がかなりかかり、苦労も相当しているからである。そんなところに「何かよくないわよね」などと否定されると、非常にこたえるだろう。受け入れたくないのも無理はない。だが、とにかく我慢して聞いてほしい。

　あくまでも、今作っているのは広告。しかも、セールスエンジニアリングデザイン（SED）という販売につなげる広告表現である。芸術作品を作っているわけではないからだ。

　この後、実際に広告を打ち込み、ターゲットから反応を得られなければ

意味がないのである。だから、否定されたとしても、われわれは素直に受け入れなければならない。素直に聞き入れられるニュートラルな心理、感情状態になったとき、初めてターゲットから反応を得ることができる広告が生み出されるのである。

⑧**まずは、テストのつもりで広告を実施する**
　この我慢の領域を乗り越え、出てきた答えを参考にして確信が持てる広告があれば、ひとつに絞って実施する。どうしても２、３案で悩む場合は、クリエイティブテストとしてスプリットランを実施するのもひとつの方法だ。
　このように、多くのステップを踏み苦労して作ってきた広告であっても、いきなり多額の投資をすることは避けたい。できるだけ少ない投資で実験、テストのつもりで広告を実施してみてほしい。

⑨**結果をよく見つめる**
　このような実験やテストの結果によって、確信が持てた広告表現があれば、次はより投資をした広告を打つことができる。また、媒体を変えて展開することも然りだ。
　いずれにしても、感情を喚起するための要素であるアイキャッチはとても繊細で難しい。その他の要素は、ストーリー要素（AUMFA）で、ある程度優先順位を決め、固めていくことができるが、アイキャッチひとつで、その他の要素にたどり着くことすらできなくなる。アイキャッチを変えるだけで、反応が大きくなることもざらにあるのである。
　だから、アイキャッチはこのように十分なステップを踏みながら生み出し、かつ検証していくことをお勧めしたい。

確実に販売につなげる
驚きのレスポンス広告作成術

第7章

あらゆる要素に影響を受ける「レスポンス広告」

【セールスエンジニアリングデザイン(SED)】

着眼点

第7章 あらゆる要素に影響を受ける「レスポンス広告」

「レスポンス広告」とは、繊細なものだ。

第2章でも述べたように、媒体、タイミング、オファー、表現の工夫の4つの要素すべての影響を受ける。これらの要素の中でも、広告表現は特に繊細だ。リピート率に影響を与えたり、昔のマインドシェアを蘇らせたりする。この章では、広告表現においてさまざまなことが影響を及ぼし、反応が変わってくる実態を見ていきたい。

1 新規集客時からリピート率を上げる広告を思考する
― その1「コンセプト広告」

まずは、下の広告をご覧いただきたい。

千葉県のあるエリアで配布されているクーポン券付き情報誌で実施された広告である。

　ご覧のように、見開きで美容室の掲載ページ欄があり、左側は全面広告、右側は集合広告となっている。そして、この左側の全面広告は、なんと300人以上を集客したのである。

　だが、これだけの反応が取れたのは少し前のこと。現在は、これほどの集客力があるかどうかはわからない。正直に言えば、たとえ広告表現を工夫したとしても、現在、これほどの反応を得ることは、まず無理であることを付け加えておきたい。だが、広告表現において押さえておきたい知識が含まれているので、見ていきたいと思う。

　まず、右側の集合広告を見てほしい。

　左側と比べて一つひとつのスペースは小さいが、ほとんどがモデルを使った広告であることがわかる。いわゆる、イメージ広告という種類に近いだろう。

　一般的にイメージ広告とは、レスポンス広告と対比されることが多い。右側の広告はイメージ広告に近いといっても、クーポン券をオファーとして活用しているので、厳密にはレスポンス広告と言える。だが、右側の広告は、見せ方が思わずイメージ広告と言いたくなる。

　その理由は、右側の広告の弱点にある。それは、右側の広告の場合、それぞれの店名や地図などを別の店のものに置き換えても支障がないということである。別の言い方をすると、右側の広告で消費者が見て判断する材料は、値段くらいしかないということだ。他に判断材料になるのは、場所くらいのものだろう。

　このようなクーポン券付情報誌を見る人の多くは、一定の店に継続して行く人ではなく、クーポン券目当てで店を探している人である。すなわ

ち、一度来店したとしても、再びクーポン券を求めて店を変えてしまう可能性の高い顧客が多いということだ。こういったお客は、浮遊客と言われている。

　浮遊客とは、ある一定の店を決めているのではなく、いわゆるふらふらしているお客のことで、店を選ぶ基本的な判断基準が、値段である可能性が高い。

　このように浮遊客から選ばれた場合、店側の最大の課題は、リピートにつながりにくいということである。実際に、クーポン券付き情報誌がきっかけで来店したお客のリピート率は、10％以下になることもざらにある。

　次に、300人以上を集客した左側の全面広告を見てほしい。「人と人との絆を大切にする」というコンセプトを持つ美容室の広告である。

　このコンセプトを、そのままキャッチコピーのようにして文字で伝えているのをはじめ、このコンセプトの真実味をトーン＆マナーとしてビジュアルにも活かしている。また、右側の大半の広告と決定的に違うのが、他の店名に変えては、広告としての機能が成り立たないということである。このような、コンセプトをしっかり伝えている広告は強い。

　私は、こういった広告を「コンセプト広告」と定義している。コンセプト広告は、新規集客にも力を発揮するうえ、それ以上に大きなメリットがある。それは、リピート率を上げることにも影響するということだ。

　実際、この広告をきっかけに来店した人の再来店率は40％を超えたという。40％というと、決して高いリピート率とは思えないかもしれない。だが、浮遊客の来店が多いクーポン券付き情報誌の広告をきっかけとした場合は、先ほども述べたように、顧客のリピート率が10％以下になることも少なくないということなので、かなり高いリピート率と言える。

　では、なぜこのような現象が起きたのか。

その理由は、決して難しいことではない。最初から、店のコンセプトを伝えた広告に反応し、来店してくださったお客だからである。きっかけはクーポン券が目当ての場合もあるだろうが、他に「この店のコンセプトに共感できるかどうか」という判断材料もすでにあるわけだ。

　それは、どちらかというと言語化された顕在的な判断ではなく、むしろ潜在的な無意識のレベルでの判断なのかもしれない。つまり、「店のコンセプトに共感できるかどうか」ということに対して、無意識にでも「YES」という判断を最初にしたからこそ、再来店する可能性が高くなるのだろう。

　もちろん、この美容室のコンセプトである「人と人との絆を大切にする」という考えをその店のスタッフが守れなかったら、再来店につながらなくなることは言うまでもないことではある。

第7章 あらゆる要素に影響を受ける「レスポンス広告」

2 新規集客時からリピート率を上げる広告を思考する
―― その2「約束チラシ」

　もうひとつ、「新規集客時からリピート率を上げる」広告を紹介しよう。
　第5章でも触れた「約束」のメッセージをアイキャッチにしたチラシである。

この広告は、長野県の美容室が移転リニューアルオープン時に配布した新聞折り込みチラシである。美容室のチラシの反応率は、ここ数年は0.1％程度と言われているが、この広告は反応率が0.7％という比較的高い数値を得ることができた。一般的な反応率と比べても、このチラシは成功した広告といってもいいだろう。

　ここで、伝えておきたい大切なことがひとつある。それは、前述（第5章）したように、広告において最良のメッセージは、ターゲットに「約束」するということである。

　この広告は、この「約束」をストレートかつシンプルに伝えている。だからといって、ただ「約束」という文字を使えばいいということではない。この約束が伝わるように、その真実味をビジュアルにも置き換え、トーン＆マナーで伝えるのである。

　ここで、この広告の内容に少し触れておきたい。約束していること自体はごく当たり前のことだが、とても大切なことが記載されている。

　約束の内容は以下の通りだ。

約束① お客様の髪を大切にあつかいます
約束② お待たせしないよう、予約時間を徹底します
約束③ 癒しのシャンプー＆マッサージを提供します
約束④ 笑顔の挨拶・声掛けで、快適な空間を作ります
約束⑤ チームワークよく、真心でお客様をお迎えします

ご覧いただいたように、何かインパクトがある特別なことを約束しているわけではない。

　だが、「ターゲットに約束する」こと自体を、会社や店側では躊躇することが少なくないようだ。だからこそ、あなたの会社や店がターゲットに約束するだけで、地域で差別化ができるようになるのではないだろうか。そもそも商売は、お客に約束できなかったら成り立たないはずだ。

　さらに、こうした広告のメッセージを打つメリットは他にもある。前述のような約束を店のスタッフと一緒に作れば、スタッフの姿勢も間違いなく変わってくるだろう。なぜなら、上から言われるのではなく、自分たちで作ったメッセージは身に染みるからだ。だから、約束の重みに対して感じ方が違ってくるのである。もしかしたら、このことが広告を打つこと以上に大切なことなのかもしれない。

　こうした事例をクライアントの許可をいただき、「約束チラシ」としてセミナーなどで伝えてきたこともあって、最近では、この事例をヒントにアレンジした広告を打つ人もいらっしゃるようだ。

　「コンセプト広告」「約束チラシ」。これらは、新規客を獲得するための広告だが、「新規集客時からリピート率を上げる広告を思考する」というテーマから顧客の生涯価値を考えた広告でもあり、商売にとって大切な視点である。ぜひ、一考してみてほしいと思う。

【セールスエンジニアリングデザイン（SED）】着眼点

3 10年以上前のマインドシェアを蘇らせる

下の広告は、ある地域に配布したB4判の新聞折り込みのカラーチラシだ。

表面A

表面B

表面C

裏面（A、B、C共通）

表面をA、B、Cのように見せ方を変え、裏面は共通の3種類のチラシを作成し、同一地域に同一枚数でスプリットランテストを行なった。その

187

第7章 あらゆる要素に影響を受ける「レスポンス広告」

結果、いったいどの広告の反応がよかっただろうか。

合計8万部の広告実施の結果は、次の通りとなった。

A ＞ B ＞ C

実施前の弊社の予測では、Bが最もレスポンスを取れると考えていた。

そして、この予測を証明するために、広告実施後に改めてターゲット層に近い属性の消費者（東京都、神奈川県在住の30代主婦）200人に、広告表現に関しての効果測定調査[※1]をインターネット上で行なった。その結果が下のグラフとなる。

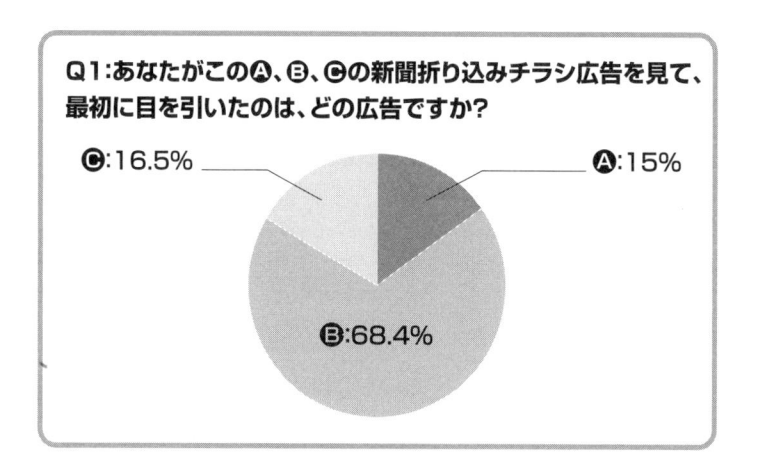

Q1：あなたがこのⒶ、Ⓑ、Ⓒの新聞折り込みチラシ広告を見て、最初に目を引いたのは、どの広告ですか？

- Ⓒ：16.5％
- Ⓐ：15％
- Ⓑ：68.4％

このように調査結果は、やはり圧倒的にBの効果が高く、当初の予測は間違っていなかったようだ。

では、なぜ実際の広告では、Aの反応が最も高かったのだろうか。

Aが、この3つの広告表現の中では最も商品を前面に出しているからだ

ろうか。

　原因解明のため、弊社では「商品パッケージのインパクトに影響があったのではないだろうか」という仮説を立ててみた。

　だが、ターゲット層数人にアンケートを行なった結果、パッケージデザインについての好感度はあまり高くなく、また、ブランドも現在はまだそれほど浸透していない商品で、初めて見た人が商品パッケージを見ただけで購買するという可能性も、それほど高くないように考えられる。

　では、いったい何が起こったのだろうか？

　どうやら、配布エリアが影響している可能性が高いようだ。この商品は、最近こそ通販に参入したが、40年以上前から販売されていて、数年前までは、特定地域のスーパーなどの小売店に卸した販売が中心だった。なかでも、「安心」「カンタン」「おいしい」という商品のコンセプトと高いクオリティから、特定地域にはファンが多かったのだが、バブル崩壊後のスーパー、小売店の倒産・再編などの影響で、この商品を取り扱わない店が増え、ファンの人たちにとって手に入りにくくなった。

　メーカー側にとってはスーパー、小売店などの流通に卸すことが当てにならなくなり、最近になって通販のプロモーションを積極的に行なう必要性が出てきたわけだ。

　ただ困ったことに、小売店を通して販売していたので、このファンの人たちのリストは取れていない。

　だから、まずは販売促進としての最初の手として、10年以上前に愛用されていたお客に思い出してもらい、今一度購入してもらえるような施策を

第7章 あらゆる要素に影響を受ける「レスポンス広告」

検討する必要がある。

そのために、この新聞折り込み広告は、以前は流通していたが現在は流通していない地域に、ある程度絞って配布することとした。

顧客リストは取れていないが、マインドシェアが残っている休眠客を掘り起こすためには、広告表現（見せ方）としても商品を全面に出すといった手法は、ある意味狙い通りだったと言えるかもしれない。

消費者が10年以上前のマインドシェアを思い起こすためには、商品が一番目立つ必要があったからだ。

今回の実例のように、ある一定数の消費者の10年以上前のマインドシェアを蘇らせることができたという事実は、新たな発見だった。

通常はBのように、アイキャッチで高い「インパクト＋共感性」を促した広告に軍配が上がる。よほどのブランド力がなければ、商品を全面に出した広告では、なかなか反応は取れない。

この事例は、未認知の人をターゲットとした、広告の打ち出した人の知識だけでは説明がつかない。

さて参考までに、違う視点での調査結果も紹介しておく。

先ほどと同じターゲット層200人に、「この３つのチラシを見て、一番最初に目にしたのはどこか？」という設問をインターネットで調査してみた。調査結果は次のようになった。

1．「子供の笑顔」のビジュアル（B）　　　　→64.1％
2．「主婦のホンネ」のコピー（A）　　　　　→11.7％
3．「クチコミで売れ続けています！！」のコピー（C）　→ 6.8％

このように、Ｂの「子供の笑顔」のビジュアルは圧倒的に高い数値となった。

　この調査からわかるように、広告表現の知識のひとつとして知っておきたいことは、どんなにすばらしいコピーを考えたとしても、「インパクト＋共感性」が高いビジュアルにはかなわないということだ。

　特に、新聞折り込み広告のように0.2秒しか視認しないと言われている媒体は、いかに消費者の目を引くかという課題があるが、この知識を得ることはとても大事なことである。

※1　広告表現の効果測定調査：通常は広告表現の効果測定はコストがかかるため、大手企業がTVCMなどでやっていた。最近は、インターネット調査会社などが豊富にあるためコストが下がり、中小企業が紙媒体としてチラシや雑誌広告などを実施する前に、事前に調査する会社もある

第7章 あらゆる要素に影響を受ける「レスポンス広告」

4 単色チラシとカラーチラシの戦略による使い分け

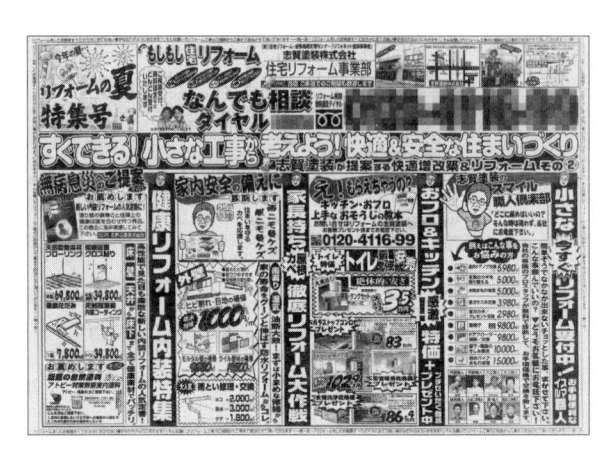

　この上下2つの広告は、同じリフォーム会社の新聞折り込みチラシだ。
　上のチラシは、地元を中心に定期的に配布していて、実物は濃い茶色の紙を使用し、モノクロ1色で印刷されている。マインドシェアとしては、前述（第2章）の「認知客」より上の顧客層に向けたチラシである。

何年もの間、定期的に配布し続けているチラシなので、地元の人たちにとっては、「あっ、またいつもの○○チラシだわ……」と感じている人も多いようだ。

　前頁下のチラシは、地元から100km以上離れている地域に配布したカラーのチラシである。
　会社のブランド認知度がまったくない地域に初めて配布したチラシなので、こちらのマインドシェアは、「未認知客」がほとんどと言える。このような地域に、前頁上側のような単色チラシを配布しても、ほとんど効果がないだろう。
　インパクトと共感性を全面で表現してワクワク感を醸成し、さらに情報もふんだんに入れている前頁下のようなチラシを設計してこそ、効果を上げることができる。結果として、「未認知客」の顧客層であっても、そこそこお客が集まり受注にもつながった。
　ここで伝えておきたいポイントは2つある。
　まずひとつ目のポイントは、濃い茶色の紙にモノクロ1色のチラシを打ち続けている地元には、何か特別なイベントがない限り、わざわざお金をかけて前頁下のようなカラーチラシを打つ必要がないということだ。なぜなら、「認知客」より上の顧客層となっているということは、このチラシが配布されただけで地元の消費者は、「あっ、またいつもの○○チラシだわ…」と、認識が強められているからである。上の図でいうところの認知客以上の顧客層にあり、認知客、準見込み客の階層の顧客にニーズが派生したタイミングで、トライアル客の階層に上がりやすい状態にある。
　2つ目のポイントは、逆に初進出の地域に前頁上のような単色チラシを打ち込んでも、反応を取るのは難しいだろう。なぜなら、初進出のエリア

第7章 あらゆる要素に影響を受ける「レスポンス広告」

では、ほぼすべての住民が未認知客であり、会社のことを認識していない状態だからだ。ここの住民にとって、単色のチラシは単なる「汚いチラシ」と認識されてしまうからである。

このように、顧客階層であるマインドシェアの割合を意識して広告を打つことは、大切なポイントなのである。

5 「シズル感」に妥協は禁物！

以下の広告は、あるファミリーレストランの1店舗に絞った地域密着型プロモーション実施時に、施策のひとつとして実施された新聞折り込みチラシだ。

表面A 　　　　　表面B 　　　　　裏面 共通

表面を写真A、Bのように見せ方（広告表現）を変え、裏面は共通の2種のチラシを作成し、同一地域に同一枚数でスプリットランテストを実施した。

その結果、A、Bどちらの広告の反応がよかったのだろうか。

合計5万枚（2万5000枚ずつ）を配布したチラシ広告の実施結果は、次の通り。

> A＝2万5000枚配布　来店数＝154組（401人）
> B＝2万5000枚配布　来店数＝76組（185人）

このレスポンス数は、少なくともクーポンを利用した人数なので、実際のチラシの効果は間接的な影響も含めると、もっと多かったかと思うが、あくまでもクーポンを使ったレスポンス数で計算したものである。

また、このチラシには、写真右下のように10％割引券を2枚付けた。この理由は、前述（第5章）した通りである。

補足として気をつけたいポイントは、クーポン券の裏に地図を入れておくことである。紹介促進として、このクーポンが切り取られて使われるシーンのことを考えてみよう。

このように、販促活動にはちょっとした機転が役に立つ。対象者が販促物を見たときやクーポンを使うときのことを今一度、リアルにイメージすることで、より効果的なアプローチにつながっていく。

もちろん枚数については、多くつけることがよいとは言えない。逆に希少価値が落ちたり、品がなくなることもある。

さて、本題の広告表現に戻るが、飲食店の広告は、写真に「シズル感」を醸し出すことが大事な点であるということは、前述（第5章104頁）の通りだ。

それならなぜ、Bの「シズル感」型の広告表現がAの「シーン」型に負けたのだろうか。

仮説ではあるが、この要因は2つ考えられる。

ひとつは、店のターゲット層にAの「シーン型」が合ったということがある。このファミリーレストランは比較的価格帯が高く、富裕層の主婦が多く訪れる店である。また、地域的にも東京都練馬区という富裕層が多く住んでいるエリアにチラシを打った。これにより、Aの「シーン」型による「いつもとはちがう贅沢なひとときをあなたに」というキャッチコピーと、それに合わせたアイキャッチを使用したチラシが富裕層のターゲットに受け入れられた可能性がある。

2つ目は、表現上の問題だ。実はこのBの「シズル感」型のアイキャッチであるパスタの写真は、撮影の予算が取れなかったため、プロのカメラマンの撮影ではない。残念ながら、最高の「シズル感」を演出できなかったこともあるかと思う。

どれが本質的な要因かは解明できていないが、ここでの教訓は2つある。

1. ターゲット層によって、広告表現を検討する必要がある
2. 「シズル感」を出すなら、撮影にお金を惜しまず、最高の「シズル感」を演出する

このことをあらためて深く認識していけば、少しでもレスポンスを高められる広告表現の指標になるかもしれない。

6　トーン&マナーは雑誌をまねる

下の広告は、学習塾の新聞折り込みチラシだ。

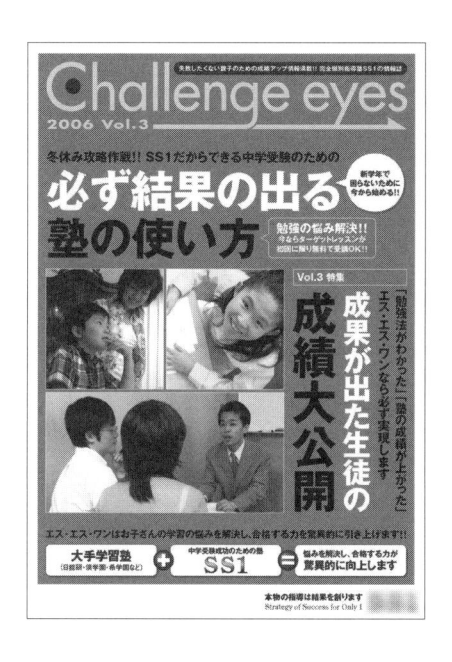

このチラシを実施したのは、中学受験専門のかなり高額な個別指導の学習塾だ。一般的な個別指導の学習塾に比べて授業料は2倍以上だが、講師のクオリティが高いこともあり、生徒や保護者からとても評判である。

この学習塾では、半年以上前にチラシを雑誌風に見せる手法に変更し、その後2〜3カ月に1回の頻度で折り込みを実施してきた（仕様＝A3判4ページ、オールカラー）。

表紙のタイトルは毎号「Challenge eyes」とし、雑誌のように見せてチラシ広告を打っていた。このチラシは3回目で、さらに工夫を施してみた

ものである。その工夫とは、表紙をある雑誌のトーン&マナーをまねたのである。

では、このチラシの表紙を見て、どの雑誌をまねたかわかるだろうか？

答えは、『プレジデントファミリー』（プレジデント社）である。

なぜ、この雑誌をまねたのかというと、ターゲット層が最も読んでいる雑誌と考えたからだ。

『プレジデントファミリー』の主要読者は、小中学生の子供をもつ30〜40代の夫婦である。

もう少し具体的にイメージすると、「社会を支える中心的な存在で、しかも家庭を重視する父親。家事や家計を切り盛りしながら、家族のワンランク上の幸せを願う母親。2人の間には、もちろんかけがえのない子供がいる」

読者プロフィールは、父親の平均年齢43.3歳、母親の平均年齢39.5歳、そして同居している子供は、小学生が最も多く64.2％。学習塾に通っている子供は56.3％。読者層の平均年収は、800万円以上が55.0％。

『プレジデントファミリー』の主な記事内容は「健康」「家計」「レジャー」などだが、最も多く取り上げているのは「子供の教育」。まさに、この学習塾の中心ターゲットにピッタリの雑誌ということが明らかになった。

このように、ターゲット層がよく読む雑誌を綿密に選び、それに合ったトーン&マナーでチラシや情報誌などのマーケティングツールを作ることはとても重要だ。中でもチラシは、もともとすぐに捨てられてしまう媒体である。

他の章でも触れたように、人間は文字を認識するまでに2秒かかるが、ビジュアルについては、無意識に情動で感じ取るまでにコンマ何秒と言わ

れている。

　そのため、チラシ広告に普段見慣れている雑誌のトーン＆マナーを活用することで、ターゲット層の無意識の領域に信頼性、共感性を伝えることができる。

　実際、この『プレジデントファミリー』のトーン＆マナーについて、言語化できることとは以下の通り。
　　1．写真の使い方を角版として理路整然と並べる
　　2．多色を使わず、地色を引く
　　3．文章は体言止めにする

　このような工夫をこの表紙では施している（現在の『プレジデントファミリー』は、当時と変わってきているが）。

　ちなみに、このような雑誌を探し出し選択する方法として、意外と近道なのが現在の顧客に聞いてみることだ。
　例えば、「今、欠かさずに読んでいる雑誌は何ですか？」「比較的よく読む雑誌には、どのようなものがありますか？」など、顧客に耳を傾けてみよう。
　最低でも20人分。できれば50人分の情報が集まれば、統計的にも信頼できるデータとなり、傾向が見えてくるだろう。

　次に、チラシの中面をご覧いただきたい。

第7章　あらゆる要素に影響を受ける「レスポンス広告」

　「成果が出た生徒の成績大公開」とタイトルにあるように、学習塾に通う前と、入塾後の違いを実際の4つのケースを挙げ、テスト結果の点数を記載するなど具体的に表現することで圧倒的な証拠を示すことができる。エステサロンなどの広告でよくある、ビフォー・アフターの手法の学習塾版とでも言えるだろう。

　また、チラシの裏面をご覧いただきたい。

「ターゲットレッスン」という体験レッスンの詳細を記載。さらには、その他のオファーとして小冊子、プレゼントを用意し、具体的にそのプレゼント内容を見せることによって関心をもたせ、問い合わせしやすくした。

これらのことにより、今まで単発で実施していたチラシ広告のときと比べると、比較にならないほど効果を上げることができた。

チラシの反応は、基本的にはほとんど実施日にしか反応が取れないことが多いが、この事例では、1週間程度も問い合わせが続くという効果を得ることができた。これは、ターゲット層がチラシをただのチラシと認識しているのではなく、情報誌のひとつとして認識した可能性も高いと言えるのではないだろうか。

7　女性雑誌の傾向を研究する

　第1章CASE 3（23頁）で見てきた美容室のミニコミ誌に掲載した広告。前述のようにC、A、Bの順で、CはBの広告に対して5倍近い反応という結果になった。さて、これほど反応に差が出たのは、いったいどのようなことが影響しているのだろうか。
　それぞれの広告掲載時期は違うが、広告表現において考えられる仮説のひとつは、広告の構造地図を確認するポジショニングチャートとして第4章77頁で触れた。
　もうひとつの仮説として、アイキャッチを見てみよう。A、Bに比べて、Cはしっかりと目を引くようにアイキャッチが設計されていることがわかる。また、キャッチコピーである「第一印象をもっと『キレイ』に」というメッセージが目を引いたのかもしれない。
　Aも「第一印象」というキーワードを使い、次のようにキャッチコピーを取り入れている。
　「あなたは第一印象でずいぶん損をしています！」

　Aの場合、キーワードとして「第一印象」を使ったのはいいとしても、煽るメッセージになっているように思われる。
　また、Cは左下にクーポン券を用意し、目立つように工夫していることが、よい反応に影響したと考えられる。
　さらに反応に影響したと仮説できる点として、Cのアイキャッチに3人のモデルを並べて使ったことがある。モデル3人が並ぶというのは、消費者の目を引く要因があるようだ。どのようなことかというと、まずモデルが3人いる場合、自分が属するタイプはどれかと無意識に考えるというこ

とである。

　少し話がずれるかもしれないが、女性雑誌の記事風広告をいろいろと調べているうちに、ある傾向を発見した。

　上の広告は、光文社発行の『VERY』、『STORY』や角川春樹事務所発行の『美人百花』などの30代、40代主婦向けの雑誌を見てみると傾向が顕著に表れた。

　これらの雑誌では、3人の対談がとても多い。1人でも2人でもなく、また4人でもなく3人なのである。

　対談している女性は基本的に読者モデルなのだが、特に化粧品、ファッション系では顕著にこの傾向が見受けられる。

　3人というのは、やはり意味があるのだろうか。タイプ別にできる最低限の人数ということなのだろうか。先ほども少し触れたが、3人だと無意

識に自分と同じタイプがいるかもしれないと見入ってしまう、心理的な側面があるのかもしれない。

　実際に身近な10～20代の女性数人に、このような人数の意味について簡単な意識調査をしてみた。1人から4人それぞれで、「連想されるイメージはどのようなことですか？」という質問をしてみたところ、次のような意外な共通点があることがわかってきた。

> 1人＝孤独・やすらぎ
> 2人＝秘密
> 3人＝親友・楽しい
> 4人＝仲間・ちょっと疲れる

　このように2人でいるときは、お互いの秘密を深く共有するようだが、3人を超えると親友という枠ではなくなり「仲間」となり、4人のグループ形成は楽しいがどこか気を使い、若干のストレスを感じるようだ。2人でいる環境より、3人グループのほうがバランスがよく、トラブルにもなりづらいとのこと。また、3人の親友形態は学生の中でも女子に多く見られるようだ。

　以上のような人数の意味についての調査結果も、広告表現に置き換えて考えることにより、参考にできることがあるかもしれない。

8 記事風広告に勝るイメージ広告

| 表面A | 表面B | 裏面 共通 |

　上の広告は、本書でたびたび紹介している幼児向け無添加の調味料「おだし」のレスポンス広告である。販売当初、高級感を打ち出したパッケージに、「純粋だし」という商品名でテスト販売を行なっていた。だが、高額商品のため、なかなか売上げを伸ばせず、突破口を見出せないでいた。それもそのはず、ターゲットを単に富裕層という漠然としたところに設定したため、既存客も含めて、動機づけが弱かったからだ。

　その後、いろいろ検討した結果、「乳幼児に食べてほしい商品」というコンセプトにして、ターゲットを変更した。なかでも、食育を強く意識している０～６歳の子供をもつ母親層にターゲットを絞ることにした。

　このように、大幅にターゲット層を変更すると同時に、当然ながらパッケージ自体とネーミングも変更した。ネーミング募集のためのプロモーションまで実施し、その結果「すくすくあんしんだし」という商品名となった。

チラシの配布方法は、他通販会社の商品同梱を採用。以上のようにターゲットを絞ることによって、媒体の選択を容易にし、コスト対効果を上げることができる。

　だが、ターゲットの潜在的なホンネに対して「どのようなメッセージを投げかければよいか」の答えを探るために、万全を期して、表面は２種類の表現を用意し、スプリットランによるクリエイティブテストを実施した。事前のわれわれの予想では、Ｂの広告に軍配が上がると考えていた。レスポンス広告を経験している人間ほど、確信めいた発言をするほどだった。

　なぜなら、第６章でも触れたように、ニーズを高めるようにメッセージに工夫を施していたからだ。そして、何よりもＡの広告はイメージ広告的なのである。しかし、予想に反してＡ案のほうが１割程度反応が高いことが判明した。

　この結果を受けて考えられる仮説としては、ターゲットにとってこの商品は、わざわざニーズを高めなくても、ニーズが顕在化されているのかもしれない。そのため、わざわざ煽り系のメッセージは必要なく、イメージ広告でも十分に反応が取れたのだろう。

　いや、イメージ広告だからこそ、反応が取れたのかもしれない。

　このクリエイティブテストの結果を受けて、Ａの表現を商品告知サイトであるランディングページ[※2]に採用することになった。そして、このランディングページによるCPOは、リスティング広告をはじめてから約６カ月間、5000円を常に切ることができている。

　第７章では、「レスポンス広告」がさまざまな要因から影響を受けると

いうことを、事例を通じてご覧いただいた。これらを参考に、あなたが自社の広告を考える際に、効果を高める一助になればと思う。

※2 ランディングページ：インターネット広告や、検索エンジンの検索結果からのリンク先となるWEBのページ。
　　広告を見る人にとっては、広告（又は検索結果）をクリックすると最初に表示されるページ。必ずしも自社サイトのトップページである必要はない

エピローグ——広告の「天国」に向けて

テスト!! テスト!! テスト!!
―『セールスエンジニアリングデザイン（SED）』は仮説検証アプローチ手法

　ここまで、「レスポンス広告」の広告表現として、セールスエンジニアリングデザイン（SED）の心構え、考え方、プロセスを学んできたわけだが、これらは7つの原則に集約することができる。

**売れる広告表現（見せ方）を追求する
「セールスエンジニアリングデザイン（SED）」の7原則**

1. 【SEDブリーフ】で広告表現（見せ方）の要件整理を図る
2. 顧客階層ごとのマインドシェアを意識し、慎重に設計する
3. 顧客視点を極めたメッセージ開発の型（フレームワーク）を使いこなす
4. 構造地図（レイアウト）は、商品特性、ターゲットによって設計する
5. アイキャッチは、「インパクト＋共感性」で決定する
6. 心に刺さる消費者行動理論＝ストーリー要素AUMFAで構成する
7. クリエイティブテストは身近なところから行ない、最強の販促ツールになるまで諦めずにテストし続ける

最後の最後に伝えたいメッセージ。
　それは、「**広告に正解はない**」ということ。
　「レスポンス広告」に長年携わってきた結果としての答えがこれだ。
　ここまで、本書を通じて「レスポンス広告」の設計に最後までお付き合いいただいたわけだから、「広告に正解はない」というメッセージには、納得がいかないかもしれない。
　だが、大切な教訓として、知っておいてほしい。
　「**広告は知識がなければ失敗する。しかし、知識だけでも成功はしない**」。
　どのようなことかと言うと、原則を知り、多くの事例に触れることが大切なことではあるが、それだけでは足りない。広告は実施してみないとわからない。なぜなら、結果がすべてだからだ。
　ところが、大々的に広告を実施するにはリスクが大きい。だからこそ、まずはテストをしてその結果を分析し、うまくいったなら、「何がうまくいったのか？」を検証し、うまくいったところを継続する。うまくいかなかったのなら、「何がうまくいかなかったのか？」を検証し、うまくいかなかったところを改善する。この地道な仮説検証の繰り返しこそが、広告の正解に限りなく近づく手段である。
　このような地道な作業を繰り返していくからこそ、見えてくるものがある。それは、「広告の答えは消費者が持っている」という紛れもない事実だ。このことを肝に銘じた上で、「セールスエンジニアリングデザイン（SED）」の７原則（前頁参照）のツールを使いこなしてほしい。
　「レスポンス広告」は繊細だ。ちょっとしたことで反応が変わる。だからこそ、もし途中でわからなくなったら、この原則に戻って、今一度見直してほしい。そして、少しでもリスクを少なくした上で、広告の効果を上げてもらえればと思う。

本書を企画する段階から、この本一冊で「どの業種の読者でも応用できる、確実に販売につなげる広告づくりはいったいどのようなものか？」という問いの答えを見つけ出すために、執筆を進めてきた。

　販売促進の中でも最も基本的で、そして本質的とも言えるチラシを中心とした印刷媒体広告を通じて、その商品や会社の持つ本来の魅力や役割を再発見することがよくある。

　単に、いかにも目を引きそうなフレーズを並べるのではなく、まずは、「**内なる驚異**」（56頁参照）をしっかりと理解して引き出すこと。そして、その大きな力を、本書で紹介してきた「型」を使って存分に発揮してもらうこと。

　そうして仕上がったチラシ広告は、毎回確実に販売につなげる広告の善循環、「天国」としてのひとつのあり方だ。

　本書を通じて、広告主（発注者）と広告会社（制作者）の両サイドの立場の方々が、それぞれ「効果的なチラシ広告づくり」のヒントを得て、一段上のコミュニケーションをとることができる一助となれば、こんなにうれしいことはない。このことを最後にお伝えして筆をおきたいと思う。

謝辞

　最後まで、お付き合いいただいたあなたに、改めて感謝いたします。

　また、本書の基本概念であるセールスエンジニアリングデザイン（SED）の開発にご協力いただいたマーケティング・トルネードの佐藤社長、SEDブリーフの元となるブリーフィングを教えていただいた小池玲子様、ニーズウオンツチャート手法などの紹介を快諾いただいた水野与志朗様にも、この場を借りて御礼申し上げます。ありがとうございました。

　同文舘出版の古市部長には、いつも温かく見守っていただきました。ありがとうございます。

　そして何よりも、答えのない広告に一緒になって試行錯誤していただき、事例も惜しみなくご提供いただいた弊社クライアントの皆さん、深く感謝いたします。

　また、弊社の社員・スタッフ全員の現場の実践がなければ、この書を生み出すことはできませんでした。日々、広告の反応に悩み、苦しかったこともあったかと思います。めげずにがんばってくれて感謝します。

　最後に、商売に対する誠実さを教えていただき、見守り続けてくれる両親。そして、親愛なるパートナーと子供達に本書を捧げます。

著者　岩本俊幸

巻末付録：イメージ画像お役立ちサイト一覧

❶amana(アマナ)
国内最大級のストックフォトサービス。さまざまなジャンルの写真・イラストが650万点から検索・購入可能。
自社スタジオがあり、広告写真、デジタル画像などの企画・制作も行っている。
http://amanaimages.com/

❷daj(ディーエージェー)
日本のフォトライブラリーの中で最初にストック写真をウェブサイト上からオンラインでダウンロード販売を開始。
様々なジャンルのロイヤリティフリーの写真・イラストが100万点の中から購入可能。
http://www.daj.ne.jp/

❸Aflo(アフロ)
長年に渡り高品質なストックフォトを提供。自然風景、街並、動物、インテリア、CG・イラストや報道・出版用写真などラインナップも多彩で、写真素材は500万点を超える。
http://www.aflo.com/

❹gettyimages(ゲッティイメージズ)
アメリカに本社を置く、世界最大級のデジタルメディア・プロバイダー。
280万点の画像、4万時間の高画質映像、音楽、マルチメディアまで、さまざまなデジタル資産を制作・配信している。
http://www.gettyimages.com/

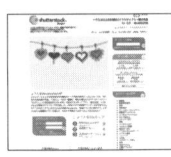

❺shutterstock(シャッターストック)
1000万点以上のロイヤリティーフリー画像をコレクションする、世界最大の定額制ストック写真の販売エージェンシー。
何千点もの高品質の写真、イラスト、ベクター画像が、コレクションに毎日追加されている。
http://www.shutterstock.com/

❻corbis(コービス)
ライフスタイル、ビジネスから医療、野生動物まで世界中の幅広いテーマを収録するユニークなコンテンポラリーコレクション。
斬新でオリジナリティ溢れたイメージを提供。
http://www.corbisimages.com/

❼imaggio(イマジオ)
人物のライフスタイルを中心に、シンプルで使いやすい作品がラインナップ。
http://search.imaggio.com/imaggio/action/guestTop

❽waha(ワーハ)
イラストレーションと人物写真専門のレンタルフォトライブラリー。
http://www.waha.co.jp/

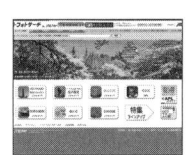

❾JTBフォト
日本国内や世界の風景、祭り、行事を中心としたライツマネージド写真素材の販売。
http://www.jtb-photo.co.jp/

❿photolibrary(フォトライブラリー)
ロイヤリティーフリー写真素材が105円から買える日本最大級の投稿型ストックフォトサイト。
50万枚以上販売しており、約8万枚の素材が無料。カメラマンは写真の販売もできる。
http://www.photolibrary.jp/

⓫OADIS(オアディス)
オリンパスとアーテファクトリーによるストックフォトサービス。
観光風景をはじめとするロイヤリティフリー素材から、美術作品や医療分野の素材も数多くラインナップ。
http://www.oadis.jp/oadis/index.jsp

※ロイヤリティフリー：最初に写真に対する料金を払い、その後は自由に使用でき、追加料金のかからない素材
※ライツマネージド：素材を使用する度に料金を払う。使用用途も、最初に決めたものだけとなる

参考文献、資料

『「売る」広告』 デビッド・オグルビー著／誠文堂新光社

『広告でいちばん大切なこと』クロード・C・ホプキンス著／翔泳社

『マキシマーケティングの革新』スタン・ラップ＋トーマス・コリンズ著／ダイヤモンド社

『実践的ゲリラマーケティング』ジェイ・C・ロビンソン著／東急エージェンシー

『ゲリラマーケティングEX』ジェイ・C・ロビンソン著／東急エージェンシー

『ゲリラ・アドバタイジング』ジェイ・C・ロビンソン著／東急エージェンシー

『戦略的ブランド・マネジメント』ケビン・レーン・ケラー著／東急エージェンシー

『ストーリー・マーケティングのすすめ』油谷 遵著／PHP研究所

『物語マーケティング』福田 敏彦著／竹内書店新社

『今日からお客様が倍増する売れる力学』佐藤 昌弘著／ベストセラーズ

『広告表現を科学する』山田 理英著／日経広告研究所

『脳科学から広告・ブランド論を考察する』山田 理英著／評言社

『エモーショナル・ブレイン―情動の脳科学』ジョセフ・ルドゥー著／東京大学出版会

『ある女性広告人の告白』小池 玲子著／日経広告研究所

『事例でわかる！ブランド戦略【実践】講座』水野 与志朗著／日本実業出版社

『御社の売上を増大させるUSPマーケティング』加藤 洋一著／明日出版社

『お客様を3週間でザクザク集める方法』髙田 靖久著／中経出版

『チラシ広告厳選事例 徹底分析集』株式会社イズ・アソシエイツ

『チラシ作成マニュアル』株式会社イズ・アソシエイツ

『ケーススタディレポート～ベーシックエディション』株式会社イズ・アソシエイツ

著者略歴

岩本　俊幸（いわもと　としゆき）

株式会社イズ・アソシエイツ代表取締役
一般財団法人ブランド・マネージャー認定協会 代表理事
セールスエンジニアリングデザイン（SED）開発者

平成3年、東京都港区新橋にて広告制作会社の経営を開始。現在、小売店、飲食店、美容室、学習塾、スポーツクラブ、工務店など地域密着型ビジネスや、通信販売、そしてBtoBビジネスの販売促進について、企画・コンサルティング・セミナー・研修・ツール製作など、さまざまな方法で支援し、成果をあげている。

SMBCコンサルティング、三菱UFJリサーチ＆コンサルティング、みずほ総合研究所、百五経済研究所、浜銀総合研究所、日本経営合理化協会、ダイヤモンド社など講演実績多数。『月刊商業界』の連載、『ストアジャーナル』『美容の経営プラン』『販促会議』など執筆多数。
著書に『この1冊ですべてわかる 販促手法の基本』（日本実業出版社）、『お店の売上を倍増したいならお金をかけずにアイデアで勝負する』（監修、商業界）、『社員をホンキにさせるブランド構築法』（共著、同文舘出版）、『販売促進の教科書』（共著、商業界）がある。

岩本俊幸オフィシャルサイト
http://www.koukoku-ya.jp/　ある広告屋　検索

セールスエンジニアリングデザイン（SED）開発協力者
株式会社マーケティング・トルネード　代表取締役　佐藤　昌弘

確実に販売につなげる　驚きのレスポンス広告作成術

平成22年9月8日　初版発行
平成27年2月18日　5刷発行

著　者──岩本　俊幸
発行者──中島　治久
発行所──同文舘出版株式会社
　　　　　東京都千代田区神田神保町1-41　〒101-0051
　　　　　電話　営業03（3294）1801　編集03（3294）1802
　　　　　振替00100-8-42935

©T.Iwamoto　ISBN-4-495-58961-5
印刷／製本：シナノ　Printed in Japan 2010

JCOPY　〈(社) 出版者著作権管理機構 委託出版物〉
本書の無断複写は著作権法上での例外を除き禁じられています。複写される場合は、そのつど事前に、(社) 出版者著作権管理機構（電話 03-3513-6969、FAX 03-3513-6979、e-mail: info@jcopy.or.jp）の許諾を得てください。